氍毹上的尘梦
孟小冬全传

万伯翱 肖瑶 著

四川人民出版社

图书在版编目（CIP）数据

氍毹上的尘梦：孟小冬全传 / 万伯翱，肖瑶著 .—
成都：四川人民出版社，2022.2
ISBN 978-7-220-12531-7

Ⅰ.①氍… Ⅱ.①万…②肖… Ⅲ.①孟小冬－传记
Ⅳ.① K825.78

中国版本图书馆 CIP 数据核字（2021）第 232752 号

QUSHU SHANG DE CHENMENG: MENGXIAODONG QUANZHUAN
氍毹上的尘梦：孟小冬全传
万伯翱　肖　瑶　著

出　品　人	黄立新
策划组稿	王定宇
责任编辑	王定宇
封面设计	袁　飞
版式设计	戴雨虹
责任校对	李隽薇
责任印制	许　茜
出版发行	四川人民出版社（成都槐树街2号）
网　　址	http://www.scpph.com
E-mail	scrmcbs@sina.com
新浪微博	@四川人民出版社
微信公众号	四川人民出版社
发行部业务电话	（028）86259624　86259453
防盗版举报电话	（028）86259624
照　　排	成都木之雨文化传播有限公司
印　　刷	成都蜀通印务有限责任公司
成品尺寸	170mm×240mm
印　　张	15
字　　数	205千字
版　　次	2022 年 2 月第 1 版
印　　次	2022 年 2 月第 1 次印刷
书　　号	ISBN 978-7-220-12531-7
定　　价	58.00元

■版权所有·侵权必究

本书若出现印装质量问题，请与我社发行部联系调换
电话：（028）86259453

目录

第一回　　无关风月　　不论输赢　　/ 1

第二回　　氍毹之上　　极速成长　　/ 11

　　孟家之后　天选之女　/ 18

　　拜师学艺　更近梨园　/ 22

　　初登氍毹　一鸣惊人　/ 26

　　锡城挑帘　梅开二度　/ 30

　　大小世界　黄金舞台　/ 36

　　转战汉口　初识玉兰　/ 48

　　北闯津门　名震京师　/ 52

第三回　　梅孟之恋　　龙凤之争　　/ 65

　　游龙戏凤　暗生情愫　/ 69

　　梅孟结合　金屋深藏　/ 88

　　突发命案　爱侣情变　/ 97

　　风波不断　王皇决裂　/ 107

吃斋念佛　紧要启事　／ 117

第四回　立雪余门　师徒情深　／ 125

　　正式拜师　得偿所愿　／ 132

　　义无反顾　深造五年　／ 147

　　情深义厚　师徒永诀　／ 153

第五回　随杜迁港　终成眷属　／ 159

　　杜寿义演　广陵绝唱　／ 163

　　随杜迁港　杜孟大婚　／ 174

　　痛失爱人　在港收徒　／ 183

　　大千"动手"　小冬"动口"　／ 193

第六回　台北晚年　人间绝唱　／ 207

　　屡次劝归　无功而返　／ 209

　　念念不忘　必有回响　／ 211

　　另觅庇护　迁居台湾　／ 215

　　台北十年　多半病中　／ 223

　　"冬皇"遗音　人间绝唱　／ 229

附　录　／ 231

　　《谈余叔岩》序言　／ 233

　　纪念先师余叔岩先生　／ 234

【第一回】 无关风月 不论输赢

这一日，来得有些迟，却又似乎刚刚好。

孟小冬推着坐于轮椅之上的杜月笙，在众人的簇拥下来到大厅。厅堂虽只是简单地贴上了几个大红喜字，但平日里的冷清气氛却被到来的宾客们化为了非凡的热闹。

自从迁至香港后，杜家的声势已大不如前。当年在上海一呼百应的盛况如同过眼云烟，变成了病榻之上的杜月笙在梦中才有的盛景。如今，莫说门庭冷清，就连杜家几房太太、儿女也都是房门一关，互不往来。一日三餐更是按照各自的口味单独进行，着实忙坏了杜家的厨师和佣人们。

来自上海的厨师汤永福师徒，每日早、中、晚三餐都得按照顺序备好五六种不同的餐食，再分别由佣人送至各房间。除了偶尔有客光临，四房太太姚玉兰会主持在大厅开一两桌饭菜招待客人，剩下的大部分时间，"食药多过食饭"的杜月笙只能在病床上被人服侍着吃些清淡的上海烂糊面；姚玉兰则习惯一个人吃些水饺；孟小冬因患有胃疾，常常只需食块西点、冲杯牛奶便已是一餐；而其余各人也都紧闭房门，自顾自地待在卧室用餐。在这三室一厅的公寓里，众人不仅鲜少同桌吃饭，甚至连见面交谈的次数也寥寥无几。时间一长，坚尼地台18号的杜公馆就真的如同一间挤满了住客的旅店，毫无半分家族感可言了。

1950年11月29日，一潭死水般的香港杜公馆像是迎来了新的生命，原本杂乱无章的厅堂被收拾得整齐妥当，堆满物品的走廊也被整理得宽敞亮堂。为了让这场仓促的婚礼尽可能显得体面一些，杜月笙早前特意委托他的门生在《戏剧新报》上刊登了一则关于"杜月笙与孟小冬大婚"的启事，同时又嘱咐管家万墨林渡海到九龙，在高档的九龙饭店订了十桌最贵的酒席，一桌高达九百港币。为确保饭菜的品相，更是加钱请饭店的几位大厨当日亲赴公馆出菜。不过，受场地所限，杜月笙还借用了杜公馆楼上杜根泉家的大厅，才勉强摆下全部酒席。

当晚，被邀请的宾客无一缺席，待到观礼时，所有人都挤在楼下不到三十平方米的厅堂之中，共同见证杜孟二人最重要的时刻。

仪式开始，杜月笙由孟小冬搀扶着站在客厅中央，虽满面病容，但身着特意为婚礼定制的长袍马褂，倒依稀显出了其曾经身为上海大亨时的那般光彩。孟小冬依偎在杜月笙身旁，崭新的绲边半袖碎花旗袍配以明丽的色彩，将孟小冬衬得神采奕奕，虽说此时的她已接近四十三岁的年纪，气韵却愈发动人。

在众人热烈的掌声中，杜月笙笑盈盈地从衣袋里取出一枚钻戒，轻轻地将它套在了孟小冬左手的无名指上。这枚镶嵌着祖母绿色宝石、闪耀着亮绿色晶光的大钻戒，并非普通的婚戒，而是杜月笙珍藏多年的心爱之物，如今，他将其作为爱情信物送给孟小冬，这其中的深意别人可以不知，孟小冬却十分明了。于是，她将一切感动之言变为不让旁人察觉的亲昵之举，用左手紧紧握住杜月笙的右手，杜月笙立即以深情目光回应。接着，孟小冬又向站在右方的姚玉兰行了一个大大的姊妹礼。

随后，杜月笙命在场的儿子、媳妇、女儿和女婿等人一一向孟小冬行跪拜礼，并让他们从此和杜家二小姐杜美霞一样，称孟小冬为"妈咪"。作为回礼，"妈咪"拿出了杜月笙提前吩咐万墨林备好的礼物，送给"子女"

们。依照晚辈们的喜好,礼物各有不同:儿子、女婿为花色不一的高级西服衣料,女儿、儿媳则每人一块精致的舶来手表。

礼成之后,六十二岁的新郎杜月笙在新娘孟小冬的陪伴下同全场的每一位宾客握手寒暄,而宾客们也都送出了最真挚的祝福。不久,杜月笙的说话声开始变得断断续续,越来越弱,孟小冬知其已有些体力不支,便先扶杜月笙坐下休息,再由她出面代杜向至亲好友们一一道谢。此举不仅让杜月笙十分感动,亦甚觉欣慰:他心里想做的每一件事、想说的每一句话,竟都能分毫不差地被孟小冬顾及。

事实上,入秋以来,杜月笙的病情急转直下,一日不如一日,需靠氧气筒吸氧才得以缓解。或许是受到了上天的眷顾,他的哮喘重疾在今晚竟一次也未发作。

孟小冬与杜月笙的结婚合照之一

孟小冬与杜月笙的结婚合照之二

因急着想与孟小冬拍摄几张正式的结婚照留作纪念，杜月笙只稍作休息，就招来摄影师，然后强忍病痛，撑着扶手椅站了起来，和孟小冬紧靠在一起拍了好几张照片后，才满意地坐回椅子上，再与全家合影。拍照期间，杜月笙总不忘以微弱的声音反复叮嘱摄影师："侬（你）记得把阿拉（我们）拍得精精神神。"

一拍完照，杜月笙便疲态尽显，似乎储备了一整晚的精力也于刚才全被耗尽。于是，孟小冬在杜美霞的帮助下，用轮椅将杜月笙送回了房间，宾客们则由姚玉兰继续代为招呼。

杜美霞离开时站在房门口，笑着对杜、孟二人道："爸爸、妈咪，新婚快乐！你们今晚都辛苦了，请早些休息吧。"她边说边将房门轻轻关上。一瞬间，客厅的热闹声消失，房间仿佛与世隔绝。

孟小冬慢慢将杜月笙扶到病床上，为他脱下鞋袜，然后擦拭双手，并在一个已盛了半杯水的杯中加入一些热水。接着，孟小冬先抿了一口，感觉水温合适之后，便在桌上的药盒中迅速取出大大小小数十粒西药药丸，喂杜月笙服下。

服过药后，杜月笙平躺在床上，轻声问了句："阿冬，侬今朝夜里（今晚）开心伐（吗）？"孟小冬抿着嘴笑了笑，温柔地回着"嗯"，手里的活儿却一点也没落下。她熟练地为杜月笙挂上氧气罩，右手举着氧气筒让他吸氧，左手则为他盖上棉被。一切停当后，孟小冬望着双眼微闭的杜月笙，怜爱地说道："你今晚才是累得不轻啊！"然后缓步走出房间。

听着孟小冬离开的脚步声，杜月笙微微睁开双眼，他望着孟小冬的背影，长舒一口气，心头的大石终于落了地。这些年，从北京到上海，再从上海到香港，孟小冬始终无微不至地照顾在病重的杜月笙身旁，煎药熬汤，侍奉左右，日夜不休，寸步不离。舞台上的冬皇，一呼百应，受万千追捧；生活中的孟小冬，却因早年的一段失败婚姻以及她在杜家的身份地位，一直饱受外界的质疑。面对多年来的流言与飞语，孟小冬始终保持沉默，从未辩解一句。杜月笙看在眼里，心如明镜：在他曾经还是呼风唤雨的"上海皇帝"之时，孟小冬不为所动，偏偏待他成了连生活都难以自理的病夫之际，孟小冬却愿意以身相许。如果孟小冬真如外人所说只看重名分，并无感情的话，这是无论如何都解释不通的。

　　这一晚，杜、孟二人无疑都是极为欢喜的。在整个婚宴过程中，二人虽未做过多交流，但两人之间的每一次对视、每一个互动都极具默契，而这种相识半生、共历艰辛方才达成的默契，真切地感染了在场的每一个人，其中，自然也包括了当初极力反对这场婚事的杜家上上下下。

孟小冬与杜月笙在香港的婚后生活

自此，成为杜家第五房太太的孟小冬，照顾起杜月笙来就更加名正言顺，两人的感情亦越发浓厚。偶尔碰上极好天气，同时在杜月笙身体状况又稍微好点的情况下，孟小冬会陪着杜月笙偷偷到离家不远的露天茶室晒太阳。虽无法在外久待，但两人都十分珍惜这为数不多的户外活动机会，哪怕每次时间极短，也格外愉快。

但婚后大部分时间，杜、孟二人都只能被困于公馆内，这也并没妨碍两人自娱自乐。除了孟小冬每日准时准点到杜月笙房中侍奉汤药，输氧按摩，杜月笙也常到孟小冬房中，一边听她自拉自唱余派选段，一边大口喝着她亲手煎熬的汤药。偶尔感觉疲累的时候，就直接在孟小冬的床上睡去。醒来之后，两人又继续窃窃私语。在冷清的杜公馆里，孟小冬的房间算得上是难得有温度的地方。

不过，由于孟小冬和姚玉兰的房间仅一墙之隔，时常从孟小冬住处传出的欢声笑语让同一屋檐下的姚玉兰心里愈发不是滋味。孟、姚二人曾是最好的姐妹，而且杜、孟之所以能够结合，姚玉兰也起到了推波助澜的作用。但后来，两姐妹的关系却因杜月笙变得微妙起来，常常忽冷忽热、时好时坏。幸而孟小冬时刻谨记自己"妹妹"的身份，自知就算与姐姐在共侍一夫的问题上生出嫌隙，也是在所难免、情理之中的事情，因此，她向来恪守本分，低调行事，在杜家的日子尚算平静。

可自从杜、孟成婚之后，杜月笙是谁也不愿搭理了，心里想的、嘴里叫的都只有孟小冬一人，这让长期操持家务、主持大局的姚玉兰深感委屈与不公。但因杜月笙病重，受不得刺激，姚玉兰只能将不满悉数发泄在妹妹身上。于是，在抬头不见低头见的杜公馆，姚玉兰将孟小冬当作了透明人般对待，久而久之，两姐妹亦渐行渐远。

1951年盛夏，杜月笙不但病情未见好转，更在7月末的一日突然中风，下肢完全瘫痪。杜月笙自知已是药石无灵，大限将至，便拒绝了所有治疗。姚玉兰和杜家几房子女只能陪在杜月笙身边，等候嘱托。姚玉兰轻声问杜月笙:"侬现在最想做什么?"杜月笙几乎脱口而出:"想阿冬过来。"不一会儿,孟小冬便出现在杜月笙病榻前,杜月笙一把抓住孟小冬的手,也不顾及旁人,情深意切地说道:"阿冬,侬是'梨园冬皇',这些年却天天侍奉唔(我),'绝响'也只唱给唔一个人听,唔这辈子算是赚到了。只是……咳咳咳……只是……这些年太委屈侬了。唔现在不仅是个穷光蛋……咳咳咳……还抛下侬孤身一人……侬可如何是好……如何是好……咳咳咳……"孟小冬强忍泪水,打断杜月笙:"哪里是你欠我什么,分明我也欠你很多啊!"

8月初,杜月笙在生命的最后时段做了四件事:第一,急召他最信任的门生陆京士入港。第二,吩咐他最爱的大女儿杜美如从汇丰银行保险箱中取出一大包别人向他借款的借条,并当着他的面将其一张张撕毁。旁人虽十分不解,但姚玉兰和孟小冬却清楚杜月笙此举之目的——避免杜家后人日后因巨额借条与欠债人产生任何官司纠纷。对杜月笙而言,既然这些借条多为自己曾因仗义所疏之财,也应随着自己一同消失于世间。第三,委托他的秘书和几位朋友代立了三份遗嘱。由于此时的杜月笙已不复当年,现金债券和不动产加起来也所剩无几。因此,遗嘱中的财产分配上,杜月笙除将上海的杜公馆分给几房太太和子女外,又命人取出存在银行的十万美元,按照"先外后内"的原则分配给了身边各人。孟小冬最终虽只分得两万美金,但相比其他人,也不算少数。第四,吩咐姚玉兰和孟小冬在他死后,为他换上长袍马褂,并将他的遗骨装在上佳的棺木中运回他的故乡——上海高桥镇。四件事陆续办妥后,杜月笙于8月16日下午4时50分在香港坚尼地台18号的杜公馆撒手人寰,享年64岁。

自杜月笙离开人世后,连日来,孟小冬早已哭干了眼泪,反而这晚,她感到了前所未有的轻松。自1949年进入杜家起,孟小冬未曾有过一夜安眠。此时此刻,她平躺在床上,眼前浮现出许多模糊不清的人影,唯有杜月笙的影像清晰无比:三十一年前,在上海,十二岁的她和杜月笙第一次见面,杜月笙向她表达了敬佩之意；二十六年前，在北京，十七岁的她在杜月笙的赞美之下羞红了脸；十八年前，二十五岁的她在杜月笙的帮助下，"逃"出了和梅兰芳的那场失败婚姻；十三年前，三十岁的她和杜月笙开始了同居生活，但因种种原因，只维持了几个月时间；六年前，三十七岁的她和杜月笙在经历了八年的分离后，再度相遇；三年前，四十岁的她在杜月笙的诚意邀请下，从北平迁至上海；两年前，四十一岁的她和病重的杜月笙日夜相守，从此留在香港……想着想着，孟小冬闭上了眼睛……

突然，耳边传来一阵阵呼喊声，声音愈来愈近。孟小冬睁开双眼，侧耳一听，窗外似乎有人正大声叫着"若兰"，她急忙起身，穿上鞋，快步向屋门走去……

【第二回】 甗甋之上 极速成长

一位身着黑色长衫，头戴圆顶黑帽的中年男子笔挺地立于门外。男子个头不高，长着一张国字脸，粗眉大眼，神采奕奕。他用可穿透整个弄堂的洪亮声音又喊了起来："若兰，起床啦……若兰……练功了……"屋门打开，一个穿着长布褂、扎着双辫的小姑娘出现在门口。

　　小姑娘生得甚是乖巧，眉清目秀，鼻梁挺拔。中年男子微微低头，看着女孩，厉声道："若兰，这天都这么亮了。"女孩有点委屈地望着男子："爹爹，我早起了，只是叫阿娘给我梳了辫子……爹爹……""如何？""今天可以不练'拿大顶'吗？""若兰，爹爹知道你辛苦，但这基本功啊，一日不练便前功尽废。"女孩本想再说些什么，可话到嘴边又硬生生给咽了回去。

　　这时，一位身材瘦削的中年女人也从房里走了出来，容貌与女孩有六七分相似。她一面轻抚着女孩的头，一面向男人笑眯着眼道："鸿群，要不今日就先让丫头休息休息，你领她上街逛逛？"男人面露犹豫之色，但却在女人又接连叫了两声"鸿群"之后答应了她的请求。

　　孟鸿群牵着若兰的小手一齐出了弄堂口，往大街走去。此时，同庆街一带大大小小的地摊菜市、烟杂小店都已开了张，十分热闹。若兰东看看、西瞧瞧，如摇头娃娃一般在人群中穿梭自如。望着女儿蹦蹦跳跳的娇小背影，

孟小冬之父孟鸿群与孟小冬之母张云鹤合照

孟鸿群突然百感交集：孟家从若兰的祖父孟福保（家中排行老七，人称"孟七"）起就已在梨园享有盛名。孟七出身徽班，擅演武生兼武净。二十几岁时参加了太平天国运动，凭借一腔热血与过人本事，在军中辗转十载有余。战后重返戏台，在京城搭班，与当时名震京师的杨月楼、任春廷等武生共同效力于久和班。1872年，久和班应邀南下，赴上海演出，大受欢迎。其时，孟七因武艺精湛、拳术了得，又兼武净，剧学渊博精深，格外受到业内的尊重与戏迷的喜欢，一时风头无两。1892年后，孟七不再登台，转为长留上海，一边于小金台科班任教习，一边培养自己的后代。天随人愿，孟七所育七子当中，竟有五子继承了其衣钵。长子孟鸿芳攻文武丑；次子孟鸿寿擅演文丑，但实则文武兼备，并拉得一手好胡琴；三子孟鸿荣，是七兄弟中最似孟福保者，人称"小孟七"，无论文武老生、武净戏，还是说戏本子，均十分擅长，信手拈来；五子乃孟鸿群自己，攻武净兼文武老生；六子孟鸿茂，攻文丑，参演过大量具有进步意义的剧目。五兄弟不仅均在各自的领域可谓风生水起，后期更同搭麒麟班演出，互帮互助，共同进步。闲暇时也常聚在一起谈天聊戏，切磋技艺。可是，纵观孟家第三代，男丁本来就少，想要从中挑选出继承衣钵者就更是难上加难，但如若不趁此时机开始培养后代，待几兄弟年纪稍长，就更无教戏与传承的精力了。虽然自家的大女儿若兰似乎对京剧有些兴趣，偶尔也展现出在此方面的天赋，但孟鸿群并不看好，身为女儿家的若兰能否吃得下练功唱曲的苦，受得了担当文武老生的罪。

一切似乎都是冥冥之中的注定，若兰和京剧之间的纽带却日益紧密。每当孟鸿群几兄弟对戏之时，扎着小马尾的若兰就会主动抬出一只小板凳，坐在一旁观看。有时，她会学着大人的模样，摇头晃脑，偶尔还配上自己的手势，口齿不清地跟着高唱几声。一声声长长的"啊咿，咿呀"的架势，加上若兰懵懂乖巧的样子，经常逗得孟家兄弟几人哈哈大笑。因此，叔叔伯伯们不单是孟鸿群家的常客，来往十分密切，大家更将若兰视为掌上明珠，对她疼爱有加。

不仅家世氛围是无形的推手，就连住家附近的同庆街也为若兰提供了有利环境。同庆街名伶密集，曾出过像夏月珊、夏月润、夏月恒、夏月华的夏氏家族，以及人称"言论老生"的潘月樵等梨园大腕，而若兰也最喜听有关这几位大人物的生平故事。每当孟鸿群讲到夏氏兄弟与潘月樵他们如何在上海创办中国第一座近代剧场——新舞台；如何建立伶界义勇军和伶界救火会；如何肩负警卫工作，数次保护孙中山先生在新舞台后台的经理房召开秘密会议；如何在辛亥革命中带头剪辫，带领戏班的武生投入光复上海的战役中；如何用大段念白做鼓动性宣传；如何"躬冒矢石，奋勇前进"，第一个冲进江南制造局，为攻占清军最顽固的堡垒立下首功，战后却不受官职，继续过着淡泊名利、乐善好施的生活……若兰都会大受震动。在孟鸿群的叙述中，这些伶人既在氍毹上技压群雄，又在生活中兼济天下，即便小小年纪的若兰还不能全然明白故事中的大义，但这些梨园名角的形象却已悄然扎根在了她的心里，让她对"梨园"之路心生向往。

在这样的环境中，若兰所听之言、所唱之曲，都绕不开京剧，离不了"戏"。近水楼台，耳濡目染，她命中注定就是要走上学艺与唱戏之路的。

1911年元宵节，孟鸿群和夫人张氏带着两个女儿逛庙会。经过戏台时，原本正逗弄着一岁妹妹（孟佩兰）玩耍的若兰，突然就停下了脚步，痴痴地望着戏台上那些穿着五彩戏服、脸上画满油彩的"角儿"，一动不动，直到散场还不肯离开。此事给孟鸿群留下了十分深刻的印象，也让他第一次萌生了让女儿尝试入梨园的想法。

1912年2月，结束了大清朝长达二百七十六年的统治，中国进入民国时期。在这个新旧交替的民国初期，全国各地战乱频繁，军阀土匪横行肆虐，百姓生活依旧处于水深火热中。贫富差异加剧，三餐不继的民众多不胜数，挥金如土的富豪也不计其数。无论贫富与否，但听戏唱戏依旧是大部分人的唯一乐趣。在这乱世，普通人谋生本就不易，何况女子，既然有先天条件与环境，就算将来不能名震梨园，唱戏至少也能当一门吃饭的本事，如此想来，孟鸿群坚定了培养若兰的决心。

若兰年底即满五岁，正是学戏的大好年纪。于是开春之后，孟鸿群就特意带着若兰，每日清晨到离家半里的老城厢古城墙附近的大境庙看他练功喊嗓。大境庙门前宽敞的空地向来是伶人们的聚集地，每日天微微亮，就聚满了精神奕奕的练功者，有舞枪弄棒的，有高声吊嗓的，还有打拳翻跟斗的，热闹程度不输集市。

若兰因时常跟随父亲出入戏院，这样的大场面倒也不足为奇。反而，几个缩在角落，双手撑地、双腿倒立的小男孩引起了她的注意。若兰一连跟孟鸿群上了三天城墙，每日必做之事只有一件，便是蹲在倒立的男孩面前，歪着头观察他们。有时，若兰还会连珠炮似的向男孩们提问："你们为什么用手走路呀？""用手比用脚舒服吗？""你们学这干吗呀？""这样走路难学吗？"……男孩们无暇顾及，更羞于回答，于是紧闭双眼，佯装不睬。若兰也不生气，继续蹲着看，往往一蹲就是十余分钟，有时待孟鸿群练功完毕，若兰还歪着头蹲在原处。

第三日正午，在回家途中，孟鸿群拉着若兰的小手，边走边问："若兰，你知道哥哥们在做什么吗？"若兰脱口而出："用手走路呢。"孟鸿群哈哈一笑，继续说道："这用手走路可是有名堂的，它还有个好玩的名字，叫'拿大顶'，是我们唱戏之人的基本功夫，你想学不？"若兰不假思索地回道："想！想！我要用手走路！我要像哥哥们那样拿'大丁'。""好，好，那爹爹明早就开始教你'拿……大顶……大顶'，记住了哦。"若兰连连点头，喜笑颜开。

阳光洒在孟家父女身上，两人有说有笑地朝家的方向走去。若兰的小脸被正午的阳光照得红彤彤的，更显可爱。孟鸿群看着女儿那光彩夺目的脸庞，在心中默念道："但愿我家若兰日后也能在戏台上绽放这般光芒。"

翌日清晨，天还未亮，若兰就站在大门口，等候孟鸿群履行教授她"拿大顶"的承诺。也正是从这天起，若兰正式开始了她漫长而艰辛的学戏之路。在孟鸿群的指导下，若兰学着小哥哥们的样子，头朝下、脚向上，双腿靠在城墙垛上借力，仅凭双手贴地支撑整个身体。

不到五岁的小女孩，初"拿大顶"自是兴奋不已。当视线里的一切都成了倒立的景象，整个世界似乎都变得新奇有趣。可时间一长，兴趣减退，加上每日重复且单调的体力活，让若兰纤细的手臂和娇弱的身躯有些吃不消，若兰便开始对"拿大顶"生出了抵触情绪。但任凭她怎么撒娇祈求，孟鸿群都未显露丝毫心软，他深知万事开头难，尤其是做伶人这行，吃得苦中苦，方为人上人。因此，在这学戏的开端，他绝不允许女儿有半分懈怠。同时，孟鸿群亦十分理解女儿的畏难情绪，于是向若兰郑重承诺，练功之外的时间，他会多带她上集市游玩放松。

孟家之后　天选之女

　　领着若兰在同庆街逛了一圈后,孟鸿群给女儿买了一个用黏土捏成的京剧小人儿。虽未达到栩栩如生之境,但小泥人的服饰、水袖和头饰还是颇具京剧范儿。若兰举着小泥人,爱不释手,嘴里念念有词,似是在给小泥人配唱曲,又像是在和小泥人交谈着什么。孟鸿群望着欣喜不已的若兰,问道:"若兰,以后想当厉害的角儿吗?"若兰猛然抬头,眼睛瞪得溜圆:"角儿?像小人儿这样的吗?"孟鸿群温柔地回道:"小泥人是旦角,但我们孟家专攻文武,不入旦行。爹爹要你学老生,照样能当角儿。"若兰似懂非懂地点点头,孟鸿群接着说道:"当角儿可不是件容易的事儿,得下苦功。要是三天两头地偷懒耍赖,那一定成不了角儿的,懂吗?"若兰微微低下头,盯着地面,良久未出声。过了一会儿,她伸出小手,扯了扯孟鸿群的衣角,大声说道:"爹爹,我以后会认认真真地'拿大顶',保证不偷懒。"听闻此话,孟鸿群大喜,随即用双手轻拍若兰的双肩,连声道:"好姑娘,好姑娘。"

　　自此,每日天不亮,若兰就跟着孟鸿群上城墙。孟鸿群一如既往地喊嗓练功,若兰就在一旁静静地"拿大顶"。一个半月后,若兰每次"拿大顶"都能坚持一顿饭的工夫,同时,双腿亦可不再借城墙垛之力,而是凌空而立。于是,孟鸿群开始让若兰加练其他基本功,从最简单的运气、手势,到稍复杂的身法技巧,孟鸿群一个动作一个动作地反复教,若兰就一遍一遍地学与练。一段时间后，若兰不仅牢牢掌握了孟鸿群所教授的基本技巧，还能举一反三，对不同角色在不同状态下的手势、眼神、身法、台步与甩发进行揣摩。

相比练功，若兰学唱速度之快更是惊人。这时期，时有北方名角南下献艺，一逗留则数月，上海的大街小巷、酒肆茶馆里，常能听到有人学唱刘鸿声、孙菊仙等北方名伶的拿手剧目。像《斩黄袍》《逍遥津》中的一些唱段，更是无人不知、无人不唱。若兰潜移默化、连听带熏，再经孟鸿群指点一二，不到半月时间，就已将几个经典唱段的唱词熟记于心，并连唱段所表达之情感也能体会到六七分。

1912年年底，"伶界大王"谭鑫培第五次受聘到沪，在新新舞台演出。此次他贴演的全本《连营寨》，指名孟鸿群为其配演赵云。孟鸿群这年三十有六，正是身强力壮之时，在配演《连营寨》时，将"绿叶"赵子龙演得惟妙惟肖，加之气宇轩昂、身手不凡的武生形象，也将谭鑫培所饰演的"红花"刘备衬托得十分到位。此次配演可谓孟鸿群戏剧生涯中最为光彩的一笔，不仅受到谭鑫培"演来颇具乃父（老孟七）风范"的称赞，更是圈了一大批戏迷，着实让他和孟家在上海风光了好一阵。自此，孟鸿群戏约不断，香贯梨园，而他的其他剧目，像《铁笼山》《收关胜》《艳阳楼》《通天犀》等拿手戏，也获得了越来越多来自各大戏院的演出邀请。

每一次孟鸿群在台上大放光彩，在上场门探出小脑袋观看的若兰就更添其对舞台的向往。时常，她会跟着台下戏迷一起大力鼓掌，哪怕将两只小手拍得通红，也毫无察觉。与此同时，若兰的眼神中，总是既充满了"这是我爹爹"的骄傲，又充满了"我也要像爹爹一样当角儿"的渴望。

若兰六岁之后，但凡孟鸿群有演出或外出跑码头，都必带着若兰在身边学习。有时，一两个月下来，若兰配演娃娃生得到的赏银比孟鸿群演出的包银还多。在随父赴无锡、南京、济南等地演出的过程中，若兰的天赋日益彰显，孟鸿群对她的要求也更为严格。日复一日，吊嗓练功，外出见识，从不间断，学戏对若兰来说似乎成了比三餐更为平常之事。当然，若兰亦不负父望，在她年满七岁之时，就较熟练地掌握了好几出大戏。

1915年夏，孟鸿群带着若兰北上，转战天津跑码头。由于一般开戏时间都在晚上，白日里，孟鸿群便常邀约三五好友整日地打牌，有时饭都顾不上吃一口。长期如此，正值壮年的孟鸿群竟在不知不觉中搞坏了身体。一晚，孟鸿群出演《八腊庙》的开场戏，在走了一个"硬抢背"之后，突感天旋地转，"哐当"一声便摔在了台上。观众一片哗然，演出被迫暂停，众人立即抬着神志不清的孟鸿群火速从下场门出，回到了后台。

一直躲在上场门后观戏的若兰，立即飞奔到父亲身边，心急如焚地喊着："爹爹……爹爹……你怎么啦？你怎么啦？"一边用小手摸他的额头。孟鸿群渐渐醒来，他并未答话，挣扎着站起身来，用简单的手势示意可继续演出，却遭众人一致劝阻。若兰望着孟鸿群，满眼心疼。当众人忙着给孟鸿群敷热毛巾、端水、劝他稍作休息再返台之际，却没有人留意到，此时，小小的若兰已不见了踪影。

若兰一路小跑，绕回到上场门，挑帘登台，大步走到台口，向台下观众深鞠一躬。见台上突现一个容貌清丽的小姑娘，正议论纷纷的观众立即安静下来，齐刷刷地望着她。面对观众的疑惑神色，若兰毫不怯场，顿了顿神后，用洪亮的声音说道："各位叔叔、婶婶、哥哥、姐姐，晚上好……刚才饰演诸彪的武生是我爹爹，他突然不舒服，得休息一下，要过会儿才能为大家表演。"见观众听得十分认真，若兰不慌不忙继续说道："下面由我，孟鸿群之女孟令辉，代爹爹为大家清唱一段《捉放曹》。"说完，她先向观众再鞠一躬，又向琴师鞠了一躬，缓缓道："听他言，正宫调。"琴师即刻会意，配乐响起。

台上若兰老练地唱了起来："听他言，吓得我心惊胆怕。"一句出口，引起台上台下一片震惊：这小姑娘不仅嗓音极好，老生唱腔浑然天成。待若兰唱完第二句"回转身，只埋怨我自己做差"，便已博得满堂喝彩。一整段唱罢，叫好声不断，一些观众甚至站起身来拍掌，激动之情溢于言表。对于这一热烈反应，不仅若兰自己未料到，闻声而来、被搀扶着躲在上场门后的孟鸿群更觉如做梦一般，老泪纵横，自言自语道："老孟家后继有人了！后继有人了！"

若兰救场演出结束后，孟鸿群强撑着虚弱的身体重返舞台，艰难地完成了自己在《八腊庙》中的戏份。谁知，第二日清早，他又突然中风，导致半身不遂。虽抢救及时，但孟鸿群的身体大不如前，不仅需要每日服中药调理，更无法再做主角，从此，只能偶尔在戏班里说说戏、跑跑龙套。

这天降之祸对依靠孟鸿群一人维持生计的四口之家来说，无疑是一记痛击。孟家突然没了收入来源，不仅日常生活需要花钱，每日的汤药也需花钱，不到半年时间，积蓄便所剩无几，生活陷入了寸步难行的境地。于是，若兰不得不提前结束了自己的童年生活，担负起唱戏养家的重担。

不过，若兰此时年纪尚轻，技艺还需不断磨炼与提升，加上孟鸿群已无法再亲自带着若兰四处奔走，因此，为她另觅良师就成了迫在眉睫之事。在这个时代，京剧盛行，名角遍地，找个教戏的师父不难，但要找到既能教戏，又能筹划生活与演出的好师父却非易事。同时，在学戏阶段，徒弟地位好比长工，端茶倒水、跑腿打杂都是司空见惯的小事，如若遇到脾气不好的师父，挨骂鞭打就是家常便饭。孟鸿群绝不忍心让女儿在演出养家的辛劳过程中，再多添皮肉之苦。于是，他一连几日思来想去，将梨园界有头有脸的人物数了个遍，竟无一满意人选：不是这个不合适，就是那个太严苛。

在辗转反侧数夜之后，孟鸿群的脑海里突现一个人影，霎时间，他激动得弹起身来，拍了拍自己的大腿，大声叫道："我怎会没想到他呀！"叫声惊醒了正在睡梦中的张氏，她坐起身来，正准备抱怨孟鸿群几句，却被孟鸿群一把抓住了她的双肩，猛烈地摇动起来。张氏根本来不及反应，只听孟鸿群继续叫道："云鹤，我想到啦！就是他！就是他！"而孟鸿群口中反复提及的"他"，便是若兰的姨父——仇月祥。

拜师学艺　更近梨园

光绪三十三年（1907年）12月9日正午，上海的天空罕见地飘起了雪花，寒风凛冽，呼气成霜，看来又是一个奇冷的冬天。街上的行人无不裹得严严实实，步履匆匆，似乎不想在这风雪当中多停留半刻。而此时，民国路同庆街观盛里的一个弄堂内却呈现出全然不同的热烈氛围。

屋内的炉火烧得噼啪作响，众人围坐在一起，有说有笑。房间的一角，红鸡蛋和补品堆成了一座小山。阁楼的门敞开着，孟鸿群立在门边，向不断涌入的邻居、友人们作揖道谢，来访者也均向孟鸿群致以诚挚的祝福，只因这天，孟鸿群在自家的阁楼上迎来了自己的第一个孩子。

这一年，孟鸿群已过而立，但膝下无子，自是求子心切。他的第一房夫人王氏，结婚后几年都无所出，更不幸病逝。之后，孟鸿群又续娶了第二房夫人张氏，好在张氏的肚子争气，结婚不过一年之久，就已生育。当接生婆将婴孩送到孟鸿群手上，孟鸿群喜不胜收，抱过婴孩时双手有些颤抖，似乎还无法相信自己终为人父。

此时，夫人张云鹤躺在床上。她双眼通红，被汗水浸湿的衣裳贴在身上，脸上也贴着几缕湿答答的头发，整个人显得十分憔悴。生产的痛苦还未完全消除，但张氏此时满脑子却思索着另一件事：这头胎若能一举得男，孟家上下必定更是欢喜，可惜……想着想着，张氏瞟了一眼正抱着婴孩逗弄的孟鸿群，看着满脸笑意的丈夫，张氏眼里流露出浓浓的歉意。

整个下午，前来道喜的街坊邻居多不胜数。不知不觉，夜晚降临，待孟鸿群送走了最后一位客人，屋里只剩下孟家几兄弟和张氏的娘家人。正当大家商议着给婴儿取名之事，门外突然走进一气喘吁吁的男子，此男子身材微胖，皮肤白皙，举手投足之间颇具京剧武生范儿。"各位，实在对不住啊，今天有事耽搁，来晚了。"男子一边解释，一边摘下帽子，拍了拍上面的雪水。不料，他话音刚落，原本安安静静躺在张氏怀中的女婴突然哇哇大哭起来，哭声响亮，任凭张氏怎么连拍带哄，都无济于事，仿佛一切的安抚都成了助兴之举，女婴哭得变本加厉。众人只好眼睁睁望着女婴，哄也不是，不哄也不是，干等了好一阵子，女婴才安静下来。孟鸿群缓缓转过头，对男子说道："月祥，大家正商议着给小女取名，小名定好了，叫'若兰'。大名的话，三哥提议'孟令辉'，你觉得如何？"仇月祥正欲答话，岂知"我"字刚一出口，女婴又开始了第二轮的惊天哭泣。这回，她边哭边挥舞着肉乎乎的小拳头，整张小脸涨得通红。哭声再一次惊动了四周，连隔壁刚买完盐回来的王妈，也吓得专程过来一探究竟。

待哭声停止后，仇月祥赶忙给自己打了个圆场，对女婴大加夸赞："小丫头嗓子还真好，果真是孟家之后，天生唱戏的料，日后准保是个角儿。"说着，他顿了一下，确定女婴未有反应后，才敢继续道："'令辉'这名儿不错，我赞成。只是丫头若要唱戏的话，以后还得有个艺名。我有一提议，既然她出生在这入冬的年末，要不艺名就叫'筱冬'吧，竹字头的'筱'，'冬天'的'冬'。这名字有点意思吧？"说完，仇月祥脸上露出了得意的神色。可未等孟鸿群回应，女婴却抢了先机，再次号啕大哭起来，两条小腿使劲蹬着，不知是在表达赞同还是反对。这下，众人不约而同地瞪向仇月祥，示意他别再说话。仇月祥怔怔立在原地，既感冤枉委屈，又觉无可奈何。

此时，孟鸿群心里突然喜忧参半：喜的是，自己在而立之年，终于一索得女；忧的是，自己虽非重男轻女之辈，但孟家乃京剧世家，专攻文武老生,这头胎长女日后该如何继承衣钵,肩负家族重担?

"鸿群,我觉得'筱冬'这名甚好,倘若以后咱女儿要唱戏的话,艺名就叫'筱冬'吧。"孟鸿群的思考被张氏的话语打断,望着张氏与其怀中哭声渐止的婴孩,孟鸿群知道多想无益:既然这是老天的决定,那就走一步算一步好了。"'筱冬'……'筱冬',现在不就刚好是小冬,翻年就是大冬,我们'筱冬'马上就要过大冬了……哈哈……好兆头!好兆头!"孟鸿群这句话逗乐了在场众人,而众人当中,笑得最大声的当属仇月祥。

如今想来,仇月祥确实应是最合适的人选。且不说他和孟家有亲戚关系,作为第一个认可若兰天分、给若兰取了艺名之人,此姨甥二人必定缘分匪浅。加之,仇月祥从艺多年,功底深厚,经验丰富,是当时梨园界唱作俱佳的名角。同时,仇月祥师承"新三杰"之一的孙菊仙,深得孙派老生神韵,又兼学谭鑫培的谭派老生,是孟鸿群身边对老生流派理解最为深刻的一号人物。因此,由他来教授老生戏并引领若兰入梨园,既是理所当然,也是顺理成章。

孟鸿群当机立断,立即给仇月祥写了一封拜师信,开门见山,言简意赅地道明拜师之意,并嘱以老生开蒙,不入旦行。几日之后,仇月祥亲自登门,爽快回应:"收徒弟的事,我是答应了。不过,咱们虽是亲戚,也得依照科班收徒的规矩。若兰,不对,以后得叫'筱冬',须先与我签一个七年契约:教学期为三年;期满后再为师效力三年,三年间所得演出收入全归师父所有;第七年的收入则一半归师父,一半归自己;从第八年起,收入才可全数归自己。"对于仇月祥提出的要求,孟鸿群一口答应。从此,若兰便以"孟筱冬"之名跟着仇月祥学戏。

对于刚入门的孟筱冬,仇月祥选择以《乌盆记》(即《奇冤报》)开蒙,并仅教授《瓦盆诉冤》一段。此举原因有二:第一,《乌盆记》讲述的是南阳缎商刘世昌结账回家,行至定远县遇大雨,借宿窑户赵大家。赵见财起意,用毒酒将其杀害,后将尸体烧制乌盆,却被鞋工张别古要账索去。刘世昌的鬼魂向张别古哭诉，张代其鸣冤，状告衙门，此案由包拯审理。最终包拯不畏强权，严审后杖毙赵大。此剧前半段做功吃重，唱功亦不甚轻，尤其在表演刘世昌主仆毒发身亡的惨烈情节时，对初学者来说十分困难，若是身段做功不够气势，便无法打动观众，因此，教学时往往舍弃此段，而从后半段《张别古出场向赵大索债》开始教起，让初学者更易上手。第二，因后半段重唱功，又无复杂的身段动作，可不受场地限制，便于表演者随时登台演唱，更适用于跑码头。

较之孟鸿群，仇月祥的授徒过程虽更显严苛，却也是一套更为行之有效且因材施教的教学之法。仇月祥每日清晨会带着孟筱冬出门练气、喊嗓。偶尔也会教授踢腿、压腿、下腰等基本功，或是更难的吊毛、抢背一类的毯子功。教唱时，仇月祥习惯左手持一块枣红色长形的木质"戒尺"，用其拍板打节奏；右手握一把烙有"康熙通宝"四字的旧制铜钱，若是筱冬能将一段新学之戏，完整唱上一遍而不见任何错漏的话，他就放一枚铜钱于桌上，层层叠加，直到倒下为止，方算过关。在仇月祥看来，学戏之时，每一句唱十遍八遍，每一段反复二三十次均属正常之事，这样练就的基本功才会牢固扎实。

自此，孟筱冬的每一天都被仇月祥安排得满满当当。不仅白日需练功学戏，夜晚背诵戏词，空闲时，还得毕恭毕敬地服侍师父，为他沏茶、捶背、装烟丝。虽然学习之路异常艰苦，但年纪轻轻的孟筱冬却乐在其中，因为她清楚地知道，只有当学习不断往前推进之时，距离她真正进入梨园的梦想才能更近一步。

初登氍毹　一鸣惊人

拜师半年后，八岁的孟筱冬迎来了其戏曲生涯的第一个正式演出机会。时逢沪上闻人管炯之在哈同花园举办四十寿宴，特别邀请了上海成立最早的京剧票房——久记票房的票友们登台唱戏，孟筱冬亦应邀客串《乌盆记》的后半出，饰演富商刘世昌的亡魂，与之对戏的名票冯叔鸾则饰演鞋工张别古。

《乌盆记》

【第四场】

（刘世昌上。赵大下。）

张别古（白）：真所谓：

（念）：东风常向北，北风也有转南时。

刘世昌（白）：张别古。

张别古（白）：谁呀这么连名带姓的？

刘世昌（白）：老丈。

张别古（白）：哎呀，我的妈呀。

刘世昌（二黄原板）：老丈不必胆怕惊，我有言来你是听。

张别古（白）：不用说，这是个妖怪。

刘世昌（二黄原板）：休把我当作了妖魔论，我本屈死一鬼魂。

张别古（二黄原板）：他那里叫一声张别古，吓得我年迈人糊里糊涂。

（白）常言道：少年见鬼，还有三年，我这老来见，鬼就在眼前。盆儿不要了，我回去。

（刘世昌挡张别古。）

张别古（白）：这边不通，走这边。

（刘世昌挡张别古。）

张别古（白）：也挡着，我走中间。

（刘世昌挡张别古。）

张别古（白）：哎呦，鬼打墙喽！

刘世昌（二黄原板）：我忙将树枝摆摇动。

张别古（白）：起了风了。

刘世昌（二黄原板）：抓一把沙土扬灰尘。

张别古（白）：迷了我的眼啦。

刘世昌（二黄原板）：我和你远无冤近无有仇恨，望求老丈把冤伸。

张别古（白）：好怪哉！

（二黄摇板）：三步当作二步走，二步当作一步行。

（数板）：搁下了盆儿，放下了棍儿，拿起钥匙捅开了锁的屁股门。我推开了门儿，拿起了盆儿，我就抓起了棍儿，进了门儿，搁下盆儿，我就放下了棍儿，扭回头来关上了门儿，搬过炕来顶上了门儿，我看你是神鬼儿怎进我的门儿！

刘世昌（白）：张别古。

张别古（白）：呀。

刘世昌（白）：老丈。

张别古（白）：坏了，把他关在屋里了。

刘世昌（反二黄慢板）：未曾开言泪满腮，尊一声老丈细听开怀：

家住在南阳城关外,离城数里太平街。

刘世昌祖居有数代,商农为本颇有家财。

奉母命京城做买卖,贩卖绸缎倒也生财。

前三年也曾把货卖,归清账目转回家来。

行至在定远县地界,忽然间老天爷降下雨来。

路过赵大的窑门以外,借宿一宵惹祸灾。

赵大夫妻将我谋害,他把我尸骨未曾葬埋。

烧作了乌盆窑中埋,幸遇老丈讨债来,可怜我冤仇有三载,有三载,老丈啊!

　　(二黄原板):因此上随老丈转回家来。

张别古(白):这东西实在的可恶,有了,神鬼怕脏物,我昨儿晚上拉了一泡稀屎,我就请它吃了吧。照家伙!

　　(刘世昌挡。)

刘世昌(二黄原板):劈头盖脸洒下来,奇臭难闻我的口难开。

可怜我命丧他乡以外,可怜我身在望乡台。

父母盼儿儿不能奉侍,妻子盼夫夫不能回来。

望求老丈将我带,你带我去见包县台。

倘若是把我的冤仇解,但愿你福寿康宁永无灾。

张别古(白):姓刘名世昌,被赵大所害,是不是?

刘世昌(白):正是。

张别古(白):如今晚儿你叫我替你鸣冤?

刘世昌(白):正是。

张别古(白):我这么大的岁数,没有打过官司,见官就说不出话来。

刘世昌(白):你告我诉。

张别古(白):这事不能够行方便。

刘世昌(白):行个方便。

张别古（白）：不能方便。

刘世昌（白）：拿你头疼。

张别古（白）：慢着慢着，去了说错了话屁股疼，不去头疼，我告你诉。

刘世昌（白）：是。

张别古（唱）：怪哉怪哉真怪哉，乌盆说出话儿来。你今有什么冤枉事，

　　　　（白）：盆儿，

刘世昌（白）：有。

张别古（唱）：跟着你二大爷到后台来。

　　（张别古、刘世昌同下。）

　　此"刘世昌鬼魂请求张别古为其鸣冤"的选段虽短，其中却有着高难度的反二黄唱段，也是最受观众喜爱之处。反二黄的唱腔比正二黄的唱腔曲调性更强，且起伏跌宕，主要用于表现悲壮、苍凉、凄楚、绝望的情绪，因其抒情意味浓厚，对唱腔要求亦极高。然而，仅有四天排练时间的孟筱冬，首次登上正式舞台未见丝毫怯场。她头戴墨色轻纱，身穿长长皂衣，双手下垂，形象可怖又凄恻，惟妙惟肖地刻画了"化鬼后"的刘世昌。加上运腔圆正，未显雌音，令在场众人无不从她悲婉的唱腔中，感到确如幽灵在哭泣。同时，孟筱冬强大的气场，让观者完全沉浸于她一气呵成的唱念之中，完全忽略了她那本和成年男子刘世昌大相径庭的娇小身躯。

　　于是，一方曲罢，震惊四座，初登氍毹，一鸣惊人。沪上戏界，从此多了一个崭新的名字——孟筱冬。

锡城挑帘　梅开二度

仇月祥见孟筱冬初出茅庐，就凭借客串《乌盆记》一炮打响，形势大好，便趁热打铁，为她安排了数场与顺奎潘、仲英、沈云祥等老演员搭班的演出。在此期间，于教学上，仇月祥仍按孙（菊仙）派唱法，以教授《辕门斩子》《逍遥津》《闯幽州》《七星灯》《哭秦廷》等适合筱冬童音声线的高嗓剧目为主。孟筱冬积极配合每一次演出，并常常主动向同

孟筱冬十岁时留影

台前辈请教文武老生戏，连场下来，进步神速，演出实力不仅让观众啧啧称奇，内行亦无不称其为"杰出童伶"。

　　1919年春，无锡新世界屋顶花园剧场邀请王家髦儿戏戏班赴无锡演出，随行的还有已在上海小有名气的孟筱冬，此回是她的营业首演。新世界位于无锡市工运桥南，是无锡市第一家综合性游乐场所，也是上海新世界游乐场的"模仿品"。与上海新世界游乐场相似度极高，无锡新世界共有五层洋楼，造型亮丽，夺人眼球，吃喝玩乐样样俱全。一楼中间的大厅专设新世界书场，还有照相馆、弹子房、购物部、小吃部等服务设施；二、三楼设有十二个小剧场，专请苏、浙、沪、京的京剧团来此演出，有时也提供无锡文戏（滩簧）、苏滩、申曲、滑稽、魔术等表演项目，每晚6时还放映电影；四、五楼设有茶室、旅馆；楼顶的花园环境雅致，既可赏景、喝咖啡，亦可轻歌曼舞。屋顶花园内，还设有一个剧场，为新世界游乐场中面积最大的一个。此处上演的剧目十分叫座，请来的伶人大有名气，不但吸引了众多的戏迷、影迷与游客，甚至一度还带动了整个片区的商业。

　　游乐场虽然新奇有趣，还备有新潮的升降电梯，可对孟筱冬来说，似乎

1923年的通运桥畔，左侧为新世界游乐场

并无太大吸引力。和其他同龄小孩只对游乐场心驰神往的情形不同，此阶段能令孟筱冬提起兴趣的唯有一件事，那便是练功与唱戏。

一到无锡，孟筱冬就立即投入紧张的排练之中，在清一色女演员的髦儿戏戏班里，孟筱冬不但是年纪最小的演员，也是最认真刻苦的。因她早前在沪界戏坛已打响名号，美名远播，锡城观众为一睹这位天才童伶的芳容与演技，纷至沓来，戏票一售即罄。

3月9日，孟筱冬迎来了自己在新世界屋顶花园剧场的营业首演，打炮戏为高（庆奎）派名剧《逍遥津》。此剧讲述了一个悲壮且沉重的故事：汉献帝因曹操权势日重，与伏后计议，派内侍穆顺给后父伏完送去血诏，嘱约诸侯为外应以除曹。不料，此计反被曹操识破。他先从穆顺的发髻中搜出密诏，杀死穆顺后，又诛灭伏后及伏后全家，再进宫用药酒毒死二位皇子，并胁迫汉献帝立自己的女儿曹妃为后。其中，戏份最为吃重的汉献帝刘协一角由孟筱冬担任，而表演的最难之处与最让众人期待看到的实际上为同一点，即年仅十一岁的孟筱冬是否能够演绎成熟稳重的汉献帝在经历了一次更比一次强烈的内心波动后，所呈现出的极致悲壮感。

《逍遥津》

【第十场】

汉献帝（二黄导板）：父子们在宫院伤心落泪，

（二皇子、汉献帝同上。）

汉献帝（二黄碰板）：想起了朝中事好不伤悲！

（二黄原板）：曹孟德与伏后冤家作对，

害得她魂灵儿不能相随。

二皇儿年纪小孩童之辈，

再不能在灵前奠酒三杯。

恨奸贼把孤的牙根咬碎,

上欺君下压臣作事全非。

欺寡人在金殿不敢回对,

欺寡人好一似羊入虎围;

欺寡人好一似家人奴婢,

欺寡人好一似猫鼠相随;

欺寡人好一似犯人受罪,

欺寡人好一似墙倒众推;

欺寡人好一似鹰抓兔背,

欺寡人好一似孤雁难追;

欺寡人好一似孤魂怨鬼,

欺寡人好一似木雕泥堆;

欺寡人好一似棒打鸳对,

欺寡人好一似猛虎失威;

欺寡人好一似犯人发配,

欺寡人好一似扬子江驾小舟,风狂浪荡,白浪滔天,

　船行在半江,吾是难以回归。

欺寡人好一似残兵败队,

(二黄摇板):又听得宫门外喧哗如雷!

未料,孟筱冬开场即燃,首句长腔足足唱了几分钟,赢得满堂喝彩。而接下来的表演更令观众震惊:孟筱冬不仅以调高悠扬的嗓子,游刃有余地完成了十五个排比句,一气呵成,荡气回肠。她还唱得极尽悲凉婉转,数次的情感递进,将汉献帝的无奈与其对曹操的怨恨表现得淋漓尽致,让在场众人完全沉浸在汉献帝复杂且动人的情绪状态里,久久难以自拔。待此戏一结束,台下掌声雷动,叫好声震天。

一直在上场门后为孟筱冬把场的仇月祥终于面露欣慰之色，他一边使劲儿鼓掌，一边转过头来，正准备向站在其身后的孟鸿群点头示意，却发现孟鸿群已满眼泪光。

散戏之后，仇月祥邀请孟家两父女吃消夜。事实上，这日白天，除了孟筱冬，仇月祥和孟鸿群都未怎么进食。仇月祥忙于张罗各处巨细事务，确保孟筱冬的营业首演万无一失，而孟鸿群则由于心情紧张，已接连好几日寝食难安。相比之下，只有孟筱冬最是轻松自如。

三人坐在街边的面摊，无锡三月的深夜还有些凉意，孟鸿群给女儿披上了小外套。一杯小酒下肚，平时甚少说赞扬话的仇月祥突然对着孟筱冬道："筱冬，这场首演还真让师父骄傲。"听到师父突然的夸赞，孟筱冬自是十分高兴，她偷瞄了一眼孟鸿群，当看到孟鸿群脸上也同样洋溢着自豪的神采时，便脱口而出："那我现在算不算是角儿啦？"仇月祥愣了一下，未立即答话，孟鸿群便抢先回道："筱冬，爹爹跟你是怎么说的？学戏之路，切勿急躁，切勿骄傲，全忘了吗？"仇月祥在一旁连连点头，补充说道："这才只是个小小的开头，要想当个厉害的角儿，后面的路还长着呢。"没想到这简单的一问竟被父亲和师父同时否定，筱冬微微低下了头，有意遮住羞红的脸颊。孟鸿群察觉，立即夹了自己碗里的一只馄饨放到孟筱冬碗里："我们筱冬啊，继续好好学戏，成不成得了角儿，听天由命，但这消夜嘛，今晚是要多少有多少。"孟鸿群话音刚落，仇月祥也夹了一只馄饨放进孟筱冬碗里，故作严肃地说道："不止今晚，若是戏唱好了，这小馄饨保准每晚都是要多少有多少。"听到师父故意模仿父亲说了同样的话语，筱冬咯咯笑了起来，心情亦豁然开朗。

三人在冒着热气的面摊笑作一团。突然，仇月祥大叫一声："老板，再加两碗小馄饨！"嗓音穿透黑夜的宁静。望着新鲜小馄饨下锅，热汤四溅的景象，仇月祥和孟鸿群都不约而同地认定：眼前这一切寓意着孟筱冬日后将会震动梨园界，成为氍毹上最亮的那颗星。

首场《逍遥津》演出告捷后，时锡城报纸赞曰："自易此班角色，可面目一新，别有一番盛况。"新闻界的大力赞扬，加上戏迷间的口口相传，引得越来越多的锡城观众想要一睹孟筱冬之风采，于是，屋顶花园剧场不得不临时让孟筱冬加演场次与剧目：从3月9日到5月15日，孟筱冬共演出68场，每日一场，座无虚席。常演剧目有《失空斩》《武家坡》《白虎堂》《斩黄袍》《击鼓骂曹》和《捉放曹》。为期两个多月的演出反响热烈，让无锡观众大呼过瘾，流连忘返。

同年7月，回到上海不足一月的孟筱冬又收到了来自新世界屋顶花园剧场的邀请。短暂休养之后，7月中旬，孟筱冬再次随班赴无锡演出。锡城观众闻风而来，并惊喜地发现，仅两月之隔，孟筱冬已从孙派路子转为谭派，竟能用大气口满宫满调地表演《武家坡》与《斩黄袍》了。众人惊叹不已，锡报剧评栏目亦评论道："王勃十四岁作滕王阁序，自古惊为天才，孟筱冬十二岁（虚岁）能唱谭派各调，亦天才也。"

是时，正值无锡"虎列拉"（霍乱）流行，市民不敢随意上街，医院的走廊里亦躺着感染的病人。但戏迷们仍旧热情不减，大力捧场，连剧场的走廊也挤满了观众，更有甚者登桌立椅，一时之间，盛况空前。孟筱冬的此次无锡之行，可算梅开二度，自7月16日至11月2日，共演出110天，前三天的打炮戏为全本《探母回令》《桑园寄子》和《大翠屏山》，而此轮演出比首演增加了14出戏目。时锡报报道："屋顶花园自孟筱冬卷土重来，游客陡增，日间以乡曲为多数，晚间则人众拥挤。深望主其事者将剧场设法扩充之。孟筱冬自离锡后，一般戏迷深为惋惜。今闻孟伶重行来锡，连排名剧，故门票每日可售700余张。"

半年之内，孟筱冬日夜兼程，两下无锡，连演一百多场重头戏，密集的登台经历让孟筱冬在短时间内积攒了丰富的表演经验，终成戏班主角。少年扬名，更让孟筱冬迅速结识了无锡一带的权贵名流，比如剧评人薛观澜、袁世凯二女儿袁仲祯、杨寿彬夫人及其子杨景炜，而她的戏曲之路似乎也由此进入了高手模式。

大小世界　黄金舞台

回沪后,仇月祥立即安排孟筱冬与上海城隍庙的小世界游乐场签了演出合约。除在游乐场演出外,孟筱冬也继续跟着仇月祥学艺。仇月祥一丝不苟地教授训练,孟鸿群则鞍前马后地照顾筱冬的饮食起居,三人的配合亦在台上、台下生活的不断交替中日益默契。

一日,小世界迎来了一位稀客——上海巨商黄楚九。因遭到经润三的遗孀汪国贞的排挤,黄楚九退出了由他和经润三在1915年创办的上海新世界游乐场,于1917年另起炉灶,在上海法租界的八仙桥地段新建了大世界游乐场。"大世界"之名,取自"世界之大,无奇不有"之意,初建时因资金不足,只辟建了一高五层的塔状主入口,其余为两层砖木结构的楼宇(局部为三层),楼内则有七个大小不等的剧场和数个种类各异的游戏房。规模虽不甚大,建筑造型亦十分简陋,大世界却因其独特的经营模式、低票价以及定期推出的各种新奇优惠,在不到两年的时间里成了上海本地最受欢迎的娱乐场所,几乎每日都能盈利,这在游乐场中实属罕见。不过游乐场内的剧院,在营业的头一年,因只请得到三流角色,上座率一直不佳。为了扩展规模,比肩上海新世界,黄楚九不仅增加了剧场和座位,更不惜重金聘来当时名噪上海滩的武生李春来,并将之前的剧场名"小京班",取一字之差,改为"大京班"。然而,只凭李春来一人,仍无法彻底将大京班重整旗鼓。于是,黄楚九又不断在其他大小游乐场招揽广受欢迎的名伶,如小杨月楼、小杨菊笙、孙宝珊、龙海云、粉菊花、祁彩芬等人,并开创了男女合演的形式。为了宣传造势,"大京班剧场"再被改名为"乾坤大剧场",从此,曲艺成了大世界的最大卖点,每日慕名而来的戏迷、游客络绎不绝,大世界亦成了上海本地无人不知、无人不晓的胜地之一。黄楚九因听闻孟筱冬在无锡演出的盛况,便下定决心,无论如何都要请来这位当红童伶,让乾坤大剧场更有派头,于是,时机一到,便亲自登门,诚意邀请。

仇月祥本就认为,以孟筱冬目前的人气,待在小世界实属屈就,于是立即接受了黄楚九的邀约。11月24日,孟筱冬应邀到大世界客串大轴《逍遥津》,当天就获得满堂彩。原本计划第一场只作为试验,用于一探孟筱冬的虚实,未料孟筱冬的号召力完全不输当日的压轴戏《狮子林》之表演者李春来与粉菊花,于是,黄楚九当场就正式聘请孟筱冬加盟上海大世界,与她签下了长达一年的演出合同。

初入大世界的孟筱冬,因与小世界尚有几日合约未满,不得不每日在

初建时期的大世界游乐场

大世界游乐场在1927年经改造重建后，规模已完全赶超新世界游乐场。大世界游乐场经第一位国人建筑设计师周惠南设计，主楼分别由3幢4层高的建筑群体合璧相连，成扇形结构，主入口则改由12根圆柱支撑的8层六角形奶黄色尖塔构成，建筑颇具特色，让人过目不忘。从此，大世界游乐场成为上海最著名的地标之一

大、小两个世界之间来回奔波。她在小世界日场演出后并不卸妆，就直接坐盖着车篷的黄包车赶到大世界接演夜场。恰巧拉黄包车的小梁是孟筱冬的铁杆戏迷，每日准时准点都等在小世界门口接送，风雨无阻，从不迟到，似乎比孟筱冬本人还更紧张她的演艺事业。因此，在匆忙的赶场演出阶段，刚满十二岁的孟筱冬竟从未出过一次差错。

待小世界的合约到期后，孟筱冬便全力以赴在大世界演出，除按此前规

律参演每晚晚场外，每个礼拜也有两到三次的日场演出。而其余时间，孟筱冬都用以学习新戏，且学以致用，在乾坤大剧场不断更新剧目，加演了《洪羊洞》《徐策跑城》《滑油山》等大受欢迎之戏。如此高强度的演出和学习并未让孟筱冬显现出丝毫疲乏或倦怠，反而使其愈发喜爱唱戏，越演越好，大有"拼命三郎"的势头。

《申报》刊登乾坤大剧场孟筱冬演出广告

在大世界演出期间，孟筱冬深受前辈、相差七岁的粉菊花与相差九岁的台柱露兰春的照顾，之后更与粉菊花成为挚交，与露兰春义结金兰。粉菊花是南下的北派武师，著名的刀马旦；露兰春能文能武，亦生亦旦，也是全才伶人。在两位姐姐的指导与影响下，孟筱冬于大世界迅速成长，无论在表演经验方面，还是为人处事方面，都愈发成熟老练。

12月13日，孟筱冬如往常一样，忙于演出与学戏。这天，她在乾坤大剧院的演出有两场，日场剧目为《杨家将》，夜场剧目为《击鼓骂曹》。在压轴戏《击鼓骂曹》的表演接近尾声时，台下拥挤的观众中，一个30岁上下、梳着寸头、身着青灰色长衫的男子站起了身，和他身边的手下耳语了几句，手下听到指令后匆匆离席，而男子亦缓缓离开座位，往后台方向走去。

待《击鼓骂曹》一折落幕，孟筱冬回到后台时，发现化妆间门口处站着一个西装革履的年轻男子，手上提着一个花篮，似在等人。他笑眯眯地目送孟筱冬从他身旁经过，孟筱冬亦礼貌性地点了下头，接着回到自己座位上，开始卸妆。突然，从她身后传来了一个男人的声音："孟大小姐，侬好呀。"孟筱冬未敢转头，从镜中，她看到一个身形清瘦、长相普通、脸色苍白、长着一对招风耳的男子。此人眼神凌厉，手里提着和刚才门外西装男子手上一模一样的花篮，正笑脸盈盈地望着她。孟筱冬不识此人，就淡淡地向着镜子回了"你好"二字。她平素就不苟言笑，尤其对陌生人，男子也未显半分尴尬，依旧面带笑容地站在原地。

这时，仇月祥和孟鸿群一边谈着事情，一边从外面走进化妆间。一见此男子，仇月祥赶忙上前，连连作揖："杜大先生，什么风把您给吹来了。"男子笑笑："唔可是给孟大小姐献花来了呀。"孟鸿群重重拉了一把孟筱冬，妆卸到一半的筱冬终于转过头来，在孟鸿群接连不断的眼神示意下，接过了男子手中的花篮。"丫头，还不快谢谢杜先生。"孟鸿群轻拍了下筱冬的后背，筱冬轻轻鞠了一躬："谢谢杜先生。"男子双手抱拳，念着韵白，也深深一躬："唔是杜月笙，这厢有礼了。"而此人，正是上海滩无人不知、无人不晓的杜月笙。

事实上，早在孟筱冬九岁时，杜月笙就已注意到这个小女孩。杜月笙虽非伶人，但爱戏极深，当年无意中看过一次孟筱冬的演出，对这个气质独特、专攻老生的少女印象极深。后来，待孟筱冬在小世界演出时，作为小世界股东之一的杜月笙对她越发关注，一有空闲，便前去捧场，并向周围人言道："此女日后非同小可。"果不其然，仅仅三年时间，孟筱冬就已成为红遍上海的童伶。无独有偶，三年前的杜月笙还是帮法租界探长黄金荣拿皮包的跟班徒弟，而现在已是与黄金荣齐名的上海滩大亨了。当然，当红伶人收受戏迷或权贵送来的花篮礼品实属平常之事，因此，孟鸿群与仇月祥并未在意，但众人始料未及的是，孟筱冬与杜月笙的人生轨迹不仅充满了相似之处，未来还将紧密缠绕，剪不断，理还乱。

次年11月，孟筱冬与大世界游乐场合约期满。回顾这一年，她以罕见之速度完成了从倒三、压轴到大轴的飞跃，日夜满场，步步登高。黄楚九自然想极力挽留孟筱冬，不断表明希望与她再签订一个两年合约。正当仇月祥和孟鸿群商议着筱冬的去留之际,杜月笙亲自登门拜访,提议让孟筱冬搭班黄金荣的共舞台。杜月笙反复强调,以他之见,若是孟筱冬继续留在游乐场这类鱼龙混杂之地,不仅埋没人才,更不利于她的长期发展,而凭借孟筱冬现有的实力,理应踏入真正的戏院,才可大展拳脚,大放光彩。仇、孟二人听后,甚觉有理,感激之余,更请杜先生帮忙牵线搭桥,指引孟筱冬走向更大的舞台。

共舞台之所以取名"共舞",与乾坤大剧场的"乾坤"同义,是上海第一家男女合演的专业戏院,也是上海最大的京剧剧场之一。而它的创办人,正是上海青帮"三大亨"之首黄金荣(另两位为张啸林与杜月笙)。黄金荣因童年出过"天花",面部留有麻点,故时人称"麻皮金荣",当然,碍于黄金荣的势力,"麻皮"这个名字也只是在背地里才有人敢叫。除共舞台之外,黄金荣还坐拥黄金大戏院、大舞台、天蟾舞台(由黄金荣门徒顾竹轩掌管)和三星舞台(由黄金

青年时期的杜月笙

而立之年的杜月笙

荣门徒张善琨掌管，后改为"中国大戏院"），基本控制着整个上海的戏剧产业。因此，南北伶人，但凡想要在上海落脚谋生、登台献艺，就不得不投靠或加入青帮，最起码也得攀上与黄门的关系，除此之外，别无他法。

起初，黄金荣因考虑到孟筱冬年纪尚轻，担心火候与卖点不够，对招揽孟筱冬一事一直不置可否。可经不住杜月笙三天两头的游说攻势与不遗余力的夸赞推荐，最终同意让孟筱冬入驻共舞台。从此，孟筱冬告别了游乐场，正式登上专业大戏院的舞台。于此之前，孟筱冬在大世界的两位姐姐——粉菊花和露兰春，连同张少泉、张文艳、吕月樵等名角儿也相继被"挖"到了共舞台。

上海三大亨之首黄金荣

为了让"孟筱冬"的名字在大字报上显得更加醒目，仇月祥决定把"筱"字改为"小"字。虽变化不大，但"小"字好写又好记，如此一来，也算是给孟小冬的全新演出之旅讨个好彩头。从此，孟小冬接替台柱露兰春在连台本戏中担任主角，常演剧目有《宏碧缘》《枪毙阎瑞生》等。

自孟小冬来到共舞台后，但凡有她的演出，杜月笙逢场必到，逢人便夸，散场之后，更常邀请仇月祥、孟小冬师徒二人消夜论戏。可以说，这位上海闻人对孟小冬的关注程度几乎可使这位自称是"天下头号戏迷"的京剧爱好者直接更名为"小冬头号戏迷"也不为过。

而孟小冬的好姐妹露兰春，在共舞台也有一位"头号戏迷"，那就是共舞台的老板——年过五十的黄金荣。其实，早在露兰春于大世界"大京班"当台柱之时，黄金荣就对这位女老生一见倾心。在杜月笙极力撮合孟小冬搭班共舞台之前，黄金荣就已斥重金邀请露兰春以台柱身份加入了大戏院。露兰春一连两月的演出，黄金荣一场不落地亲自捧场，更不惜工本地请各报馆连篇累牍地发文力捧露兰春，又委托上海百代唱片公司为露兰春灌录唱片，一次性灌了6张之多，均为露兰春的拿手曲目。一时间，露兰春的倩影被印在各种报刊和广告招贴之上，出现在上海的大街小巷，名声一度压倒了前辈小金玲和粉菊花。对于黄金荣如此大献殷勤的背后原因，露兰春又怎会不明，但她不露声色，走一步算一步，倒让黄金荣一时半会儿不敢轻举妄动。

不仅被黄金荣垂涎已久，露兰春亦得到了上海滩四公子之一卢筱嘉的特别"照顾"。这位有名的皖系军阀卢永祥之子向来好戏，自从在共舞台看过一次露兰春的《枪毙阎瑞生》后，便被她迷得神魂颠倒，随即展开猛烈攻势。卢大公子不惜花重金购得一枚钻戒亲自送给露兰春，并盛情邀约佳人散戏后共度良宵，却遭露兰春当众拒绝，令他颜面尽失，遂生怨恨。

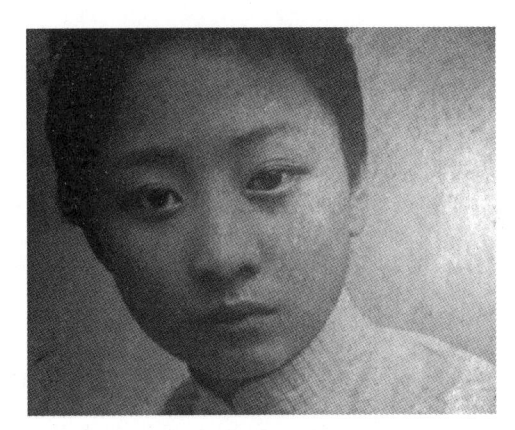

露兰春之倩影

恰逢有一次露兰春在台上唱戏时走调，卢筱嘉一听立马在贵宾厢中喝起了倒彩，结果惹得同在包厢中正兴致盎然的黄金荣勃然大怒，当即命手下上前给了卢筱嘉重重两巴掌，还对卢筱嘉一行人一顿殴打。从未受过此等大辱的卢筱嘉连夜赶回杭州，向其父哭诉此事，并添油加醋一顿渲染。即使对爱子四处拈花惹草之行径颇为生气，但浙江督军卢永祥更愤愤不平于黄金荣完全不把自己放在眼里，嘴里一边骂着"麻皮老猪猡"，一边命秘书发了一份电报稿给淞沪护军使何丰林。

两日之后，正当黄金荣在共舞台包厢内津津有味地观戏之际，一群不速之客不期而至。卢筱嘉在十几个便衣壮汉的陪同下，闯进包厢，直接用手枪顶着黄金荣的光头，边骂边抡起大巴掌，在黄金荣的脸上左右开弓，来回赏了六个"锅贴",扇得黄金荣眼冒金星。面对十几号人的围攻,黄金荣的四个贴身保镖毫无还手之力,只能任由老板被人宰割。之后,黄金荣更在大庭广众之下,被这伙人从二楼包厢一路连拉带打地拖出戏园,最后关进了何丰林护军府中的秘密地牢,受尽数日的酷刑。

　　得知此事后,张啸林与杜月笙立即采取了营救行动:张啸林火速下杭州,想凭借他以前在杭州的人脉打通卢府内部关系;杜月笙则先到黄公馆安抚焦急万分的师娘林桂生(黄金荣之妻),再亲赴何丰林公馆,与何当面交涉。当杜月笙只身来到何府之时,发现卢筱嘉斜躺在椅子上,动也不动,十分傲慢,就知此行不易。杜月笙首先借由与何丰林客套时轻描淡写地带出一句"此事必定不是黄老板一人之问题,和卢大公子关系莫大",激得卢筱嘉当场发飙,指着杜月笙破口大骂。待卢筱嘉情绪发泄完毕后,杜月笙才开始陈述利弊:"杜某此次前来烦扰何将军与卢大公子,想必拿(你们)是晓得因由的。恕杜某斗胆,想请教卢大公子两个问题。第一,侬(您)之前驾临共舞台,是否有预先派人通知黄老板,让伊(他)提前安排安排呀?"卢筱嘉斜眼看着杜月笙,并未答话。杜月笙接着又问:"那上次黄老板对侬动粗时,侬有当场表明身份吗?"卢筱嘉立即反驳:"谁会在莫名其妙被揍的时候,还想得到告诉对方自己是谁?你杜月笙会吗?"杜月笙满脸赔笑,切入正题:"卢大公子行事低调,不想劳烦黄老板费心安排,黄老板自然感激不尽。此事归根结底还是黄老板先动的手,是伊做得不对,但卢大公子侬想一下,黄老板当时的确是真不知道侬的身份啊,谁又会想到侬微服便衣就大驾光临,这才酿成如此大祸。正所谓'不知者无罪',何况伊这些天也吃到了苦头。杜某认为,卢公子大人有大量,晓得这只是误会一场,定会放黄老板一马的吧。"听完,卢筱嘉陷入了短暂的思考,认为杜月笙这番话倒也不无道理,加上何丰林从旁不断打圆场,卢筱嘉的气顿时消了大半。他缓缓立起身子,向杜月笙道:"放了黄麻皮也不是不可,只是你们得满足我三个条件:第一,让黄金荣登报道歉,并写明'黄金荣请卢筱嘉求饶';第二,让当晚在场的人,都跪在枫林桥上给我磕头赔罪;第三,让露兰春陪我三天。"杜月笙面不改色,回道:"要黄老板满足卢大公子这三个条件也不是不可,不过,每个条件都得稍事修改。但最重要的是,请卢公子下回驾临上海之际,一定要提前告知黄老板,一来保证公子玩得尽兴,二来保障侬的人身安全。要晓得,上回幸好是在共舞台发生误会,侬想一想,如果侬不是在黄老板的地盘上,或是碰上别有用心的人,那就绝不是几巴掌的问题了。"杜月笙表面礼貌回应,实则暗地警示:"你卢筱嘉上回只是运气好,没被黄老板或别人用更极端的方式'解决'。更何况整个上海都是我们的地盘,你如果不见好就收,以后就别想踏足上海滩。"卢筱嘉听出杜月笙话中有话,也知此人向来言出必行,既然杜把话都挑明了,无谓再多起争执,于是,卢筱嘉挤出一丝笑容,咬牙说道:"那对于我提出的三个条件,杜先生有何高见?""第一,黄老板当然可以登报道歉,但写明'杜月笙宴请卢公子,黄金荣敬酒三杯'即可;第二,由共舞台的弟兄们为卢公子摆酒压惊,一个挨一个当面向侬道歉;第三,露(兰春)老板将亲自登门卢府,为卢公子大唱三天堂会戏,到时应是一番胜景。"万万没想到杜月笙把三个条件改到没有丝毫回旋之地,卢筱嘉只好先让何丰林送客,称自己需考虑几日方能决定。

之后几日,杜月笙和林桂生依旧四处打点,以确保黄金荣不再多受皮肉之苦。同时,何丰林处亦收到了卢永祥的来电,卢永祥在电报中命卢筱嘉见好就收,万不可为一个戏子把事情继续闹大。在何丰林的好说歹说之下,卢筱嘉终于答应平息此事。

隔日,黄金荣被放出地牢,虽前后仅七日光景,但这位叱咤上海滩的大亨似乎一下老了十岁。回到黄公馆后,黄金荣只短暂休养了几日,便马不停蹄地做了两件事:一是找出当年杜月笙给他的拜师帖交还杜月笙,并和杜从此兄弟相称;二是命人建造了两处高级石库门住所,分别赠予杜月笙和张啸林,以答谢两人此回全力相救之恩。

于此番风波中，最得益者当属杜月笙，他不但给何丰林等军界高层人士留下了英勇老练的深刻印象，更以"单枪匹马，智取卢筱嘉"一举赢得青帮上下众人拥戴，自此，杜月笙在上海滩之地位更甚往昔，连黄金荣都要忌他三分。

事实上，在上海三大亨之中，杜月笙年纪最轻，说话做事却最为老道。黄金荣为人势利，跋扈霸道，心思复杂；张啸林脾气火爆，好勇斗武，心狠手辣；唯独杜月笙沉稳老练，工于计谋，交际能力极强，目光较两位大哥相比亦更为长远通透。作为黄金荣徒弟出道的杜月笙，三岁丧母，五岁丧父，十四岁独闯上海滩，从一个水果摊学徒后来居上，成为黄浦滩上三大亨之一。而后又在短短几年之中，将"黄、张、杜"之局面转为"杜、黄、张"之势态。黄，张二人虽心有不悦，但奈何杜月笙明里暗里均做得滴水不漏，对两位哥哥仍一如既往尊重有加，大小场合给足面子，让哥哥们不得不服。虽说"一山不容二虎"，更何况上海滩是"三虎鼎立"，但凡事皆有例外，

上海三大亨合影，左为杜月笙，中为张啸林，右为黄金荣。三人称霸上海滩，并一直流传着"黄金荣爱钱，张啸林善打，杜月笙会做人"的说法

在杜月笙的运筹帷幄之下，巧妙避免了"三虎相争，必有损伤"的局面。

另一方面，眼看好姐妹露兰春在共舞台遭如此境遇，年仅十三岁的孟小冬虽还不太懂得男女之事，却已体会到了女伶人的不易，于是，她便一心扎进戏台，只管唱戏，不问他事。

好在孟小冬的两位至亲始终在其身边帮扶，她的饮食起居全由孟鸿群照料打理，排戏演出亦仰仗仇月祥费心安排，因此，孟小冬在共舞台的唱戏之路尚算安稳平静，亦的确能做到两耳不闻台下事。久而久之，孟小冬竟越来越似其所演绎之王侯将相，秀丽脸庞再也显示不出一丝少女之气，言谈举止更隐隐透着一股孤傲男子气。

除孟鸿群与仇月祥外，孟小冬亦得到了杜月笙在各方面的鼎力支持。面对这样一位屡献殷勤的上海闻人，孟小冬初时是有些不自在的，在她眼中，杜月笙与黄金荣似乎无甚区别。而后，由于常听周围人讲其人其事，夸赞的多，批评的少，孟小冬才逐渐对杜月笙有了另一番认识。尤其在得知杜月笙如何凭一己之力为黄金荣解围一事后，孟小冬对杜月笙更是刮目相看，产生了些许敬仰之情。

转战汉口　初识玉兰

1921年11月20日，孟小冬在共舞台一年合约到期。为避免小冬重蹈露兰春的覆辙，仇月祥和孟鸿群决定暂时不再续约，先接短期演出。应邀在福建登台半个月后，孟小冬又在其二伯孟鸿寿的介绍下，乘船前往南洋小吕宋（今菲律宾最大岛屿吕宋岛），为该岛的侨商献艺数月，酬劳颇丰。

次年初夏，孟小冬等人演出归来，刚抵沪，便听闻了黄金荣强娶露兰春一事。原来，之前那场官绅相斗，虽然狠狠搓了黄金荣的锐气，却并未浇灭他的欲火。一想到一切皆因露兰春而起，黄金荣就深感不平，誓要拿下这位佳人才能一解心头怨气。软攻数月未果，黄金荣耐心尽失，于是休了发妻林桂生，直接用八抬大轿把露兰春硬娶进门。对于黄金荣此举，众人虽有一万个反对理由，却无人够胆直言相劝，只好将希望寄托于杜月笙身上。不过，对于杜月笙来说，他更在意的是如何劝慰当年提携他入青帮的恩人林桂生，好让这位师娘不感到那么难堪。未料，林桂生不哭不闹，只向黄金荣要了五万元大洋的赡养费，便潇洒离开黄公馆。临别时，林桂生对有着二十一年夫妻之情的黄金荣道出最后几句："其实，你要讨小老婆，我别无它法，也没意见。可娶谁都好，绝不能是她露兰春。她是见过世面的主儿，你上次为了她，差点送掉老命，而她还那么年轻，娶了她，哎……黄家今后保准不得安宁。"而这几句恰好也是杜月笙深感担忧，却未说出口的话。不过，此时的黄金荣哪里还听得进旁人的逆耳忠言，正当他沾沾自喜于一切竟轻而易举，如他所愿之际，却不知新的祸根已悄然埋下。

露兰春入门后，黄金荣许诺她可以大房身份掌管黄公馆内一切事务，并把保险柜钥匙相交以示诚意。而露兰春嫁入黄门，本就是权宜之计，既然黄金荣百般示好，露兰春也就顺势接受，一面逢场作戏，过起了阔太生活，一面等待时机，逃离黄门。这期间，露兰春还时常在黄金荣的眼皮底下，与早在一年前便已芳心暗许的上海颜料大王薛宝润之子薛恒私会。因黄家上下对这位新晋太太十分忌惮，平日里无人敢过问其行踪和私事，于是，露兰春索性大着胆子包了一家饭店套房，和薛恒在这秘密之处过上了颠鸾倒凤的快活日子。

为尽快远离黄门这个是非之地，孟小冬应邀赶赴汉口，与旦角汪碧云、小生汪素云一同为翘首以盼的戏迷带去三个月的演出。汉口，自古被誉为"楚中第一繁盛处"，也是京剧的发源地之一。此处名伶云集，像是京剧生行两辈大师——谭鑫培与余叔岩均为鄂籍，而一些谭派名家，比如程君谋先生，也为地道的汉口人，因此，汉口与天津、上海并称"三大最难对付的码头"。

京剧在汉口十分盛行，此处戏迷的鉴赏水平亦极高，要想一举获得汉口戏迷之青睐，绝非易事。抱着再下一城的决心，孟小冬等人做了充分准备，请来胡琴圣手孙佐臣老先生随行。人称"孙老元"的孙佐臣，与梅兰芳的大伯梅雨田齐名，为晚清京剧琴师两大名家。他曾是谭鑫培的专属琴师，也常为余叔岩操琴，有一肚子的谭余好腔。此时的孙老元虽已年过花甲，但琴技更为卓绝，在梨园界首屈一指。经由其女婿——共舞台老生张荣奎介绍，孙佐臣与仇月祥签立了一年的合同，特为孟小冬拉琴。有了孙老的胡琴保驾，孟小冬的演艺之路从此如虎添翼，更上一层楼。

虽时值盛夏，孟小冬在汉口怡园游艺场的三天打炮戏《击鼓骂曹》《徐策跑城》与《逍遥津》却场场满座。戏迷们无惧酷暑，在人挤人的戏园，任凭汗流雨下，也全神贯注观赏全场。待演出完毕，仍意犹未尽，不肯离场。

而孟小冬首赴汉口,无论扮相、嗓音,还是气派、做表,皆不负众望,艺惊四座,让汉口戏迷大呼过瘾。汉口新闻界对这位芳龄十五的女老生也大捧特捧,一时之间,轰动三镇。为满足汉口戏迷的口味,仇月祥在接下来的演出戏目中,为孟小冬安排的多为正宗谭派戏,如《失空斩》《捉放曹》《四郎探母》《南阳关》《珠帘寨》等,而以孙派启蒙的孟小冬在精通谭艺的孙老元的辅佐下,正式由孙派戏路转为谭派。

除了蜂拥而至的新老戏迷,孟小冬的演出更引来大量汉口同行的关注,与孟小冬戏路相仿的名老生姚玉兰便是其中之一。自打姚玉兰出于好奇,观摩了几出孟小冬之剧目后,便欲罢不能,直接暂停了自己在另一戏院的演出,接连半个月,日日亲临怡园,为孟小冬捧场。姚玉兰不仅十分欣赏孟小冬的才艺,更惊讶于孟小冬少年成名却不骄不躁、谦逊低调的性格,对这位小她四岁的妹妹颇有好感,于是特意托人说合,想私下认识孟小冬。未料,姚玉兰和孟小冬经人介绍后,一见如故,无话不谈,不久,竟结拜了金兰。

在各界人士的强烈要求下,原定为期三个月的汉口演出,延长至半年。而孟小冬不但凭借精湛技艺,一举拿下继上海之后的第二个最难攻克之地,亦在孙老元的耐心指点下,对谭派艺术有了更进一步的理解。感恩于孙老元平日的倾囊相授,孟小冬对这梨园前辈也如对待师父仇月祥一般毕恭毕敬、言听计从,更时常当面夸奖:"这回汉口演出若是没有孙老在旁,必不会这样顺利。师父教戏,孙老点拨,两位高手之中的高手,所授绝学加起来,怕是我孟小冬一辈子都用不完的本事呢。"这番话不仅逗得孙老元十分开心,也让仇月祥倍感欣慰。眼看孟小冬在各方面均飞速成长,仇月祥认为是时候筹划让孟小冬前往更大的舞台,接受更大的挑战了。

汉口之行结束后,孟小冬一行人再返上海。正当仇月祥与孟鸿群商议着孟小冬的下一个去处之时,孙老元向二人提议:"若是小冬想学真正的谭艺,就必须舍弃唱连台本戏,更不必再往一些小码头东奔西走。以她目前的才艺与悟性,就应直接北上,'直捣黄龙'。这北京、天津等地啊,才是'梨园老巢',有的是高手,有的是深造和发挥的机会。要能得到北边儿戏迷的认可,小冬才算是真正排得上号的角儿。"仇、孟二人听后,甚觉有理,于是立马请众人帮忙介绍北上演出的门路。很快,六伯孟鸿茂就帮孟小冬找到了这年年底搭班著名武生白玉昆北上的机会,恰逢白老板为进军北方一事正招兵买马,听闻孟小冬想要加盟,更是喜出望外,一拍即合。

北闯津门　名震京师

距离北方之行还有数月准备时间，孟小冬一边向仇月祥继续学戏，一边受邀在杜月笙和徐品丹创办的恒社票房（1933年由杜月笙创立的帮会组织"恒社"的前身）参加各类活动。

杜月笙发迹之前被称为"水果月笙"，而成为大亨之后，又有了"天下头号戏迷"的称号。他不仅中意听戏，更热衷学戏，专攻老生和武生戏。杜月笙初学武生戏时，已过而立之年，本就没有童子功的他，加上事务烦琐，练武时间少之又少，因此，在跟随杨小楼学了一阵杨的拿手功夫起霸边式之后，便转向花脸名角儿金仲林（金少山之兄长）学老生戏。有了一点基本功后，杜月笙又专门请来天津德胜魁科班出身的苗胜春教戏。这位被称为"苗二爷"的名伶不仅擅长演旦角，在其他行当也颇有能耐，会戏极多，在梨园界享有"戏包袱"的名头。杜月笙虚心向苗二爷学戏数月，态度十分认真，对这位高龄徒弟，苗二爷亦是极为耐心，倾囊相授。加上杜月笙结交伶人无数，又多为梨园大腕，一有机会就向这些行家们虚心请教，如此一来，短短几月便学会了不少戏。待杜月笙唱得几曲拿手戏后，在家自顾自吼几嗓子就再也满足不了兴致，竟产生了粉墨登台的想法。不久之后，此想法便在"面粉大王"荣宗敬五十大寿的堂会上得到了实现。

对于这场首演，杜月笙十分看重。他自知唱功不足，就把脑筋全动在了行头上。因其在《连环套》中饰演的黄天霸有四场戏，于是命人特制了四件颇为讲究的苏绣褶子,每出场一次就换一身行头,加上师父苗二爷亲自为其化妆梳头,因此,杜月笙的精美扮相至少掩盖了一半他那浓重的浦东腔调。演出期间,由于过度紧张,杜月笙常常忘词,于是,苗二爷就请专人不停为杜月笙送茶润喉,在递茶杯之际,顺势在他耳边悄悄提词,杜月笙瞬间醍醐灌顶。台下观众看得真切,甚觉有趣,就算杜月笙全程唱得荒腔野板,观众也不忘一边放声大笑,一边奋力喝彩。众人在看个新鲜的同时,杜月笙也过足了戏瘾。下场后,杜月笙满身大汗,瘫坐在椅子上,一脸惊魂未定,不停拍着胸口,自言自语道:"吓死唔了,吓死唔了。"

除了自己唱戏,杜月笙还不断鼓动好友、同僚们参与,众人积极响应,热情持续不减,久而久之,就有了恒社票房。恒社票房的舞台、配置、服装与道具一应俱全,成员数有时可达30余人,多为杜月笙的门徒,军政、工商界等上层人士。票房除定期邀请各地名伶吊嗓表演、谈戏教戏外,杜月笙等票友们也时常会彩排演出,凑个热闹。

自从杜月笙得知了孟小冬的北上计划后,便身体力行地为孟小冬牵线搭桥,恒社票房一有活动,杜月笙便会第一时间邀请孟小冬参加,以助她开拓圈子,广结伶界前辈与上流名士。

在一次票房活动中,孟小冬结识了晚清学究程十发的四公子程君谋,这位以清秀拔俗之嗓音、劲亮悠扬之唱腔、在京剧界享有盛名的票友,被称为"票友中的谭鑫培",老生中除余叔岩之外几乎无人可与之匹敌。实际上,孟小冬和程君谋的相识是由杜月笙特意做的安排:此时,即将年满十六的孟小冬童声渐弱,已无需"腔喊似雷"。同时,由于京剧艺术日渐成熟,武生和老生的派别得到进一步的区分,孟小冬早年跟随仇月祥所学之孙派为气口充沛的宣泄唱法,适合高亢嗓音的武生,用于塑造武将豪杰角色更为妥帖,而文人书生这类角色,自是更适合以谭派演绎。孟小冬此前虽早已演出数场谭派骨子戏,也得到了孙老元的认可与指点,但要真正意义上拨"孙"返"谭",就需另拜谭派名师进行系统性的学习。因此,杜月笙特意邀请程君谋加入恒社票房，旨在为孟小冬搭建北上之桥梁，若是孟小冬能顺利拜师程君谋，列入梨园更高门墙便指日可待。杜月笙煞费苦心，却毫不邀功，只因此时他对孟小冬已产生了一丝别样的情愫。

因程君谋对孟小冬本就十分欣赏，见面当日，就欣然答应为孟指导一二。于是，在参加票房活动期间，程君谋前后共简单教授孟小冬《空城计》《南阳关》等数出剧目，而孟小冬悟性极高，吸收亦快，短时间便取得巨大进步，对谭艺也逐渐有了自己的理解。与此同时，程君谋发现孟小冬的唱腔与神韵酷似余叔岩，便向孟小冬语重心长地建议道：小冬，你以后定要在余派艺术上有所发展，才是你的最佳选择。

1923年隆冬，一切准备就绪，孟小冬在师父仇月祥、琴师孙老元及族弟孟小帆（孟鸿茂之子）的陪同下，跟随白（玉昆）老板的班子由沪出发，"挥师"北上。

一行人首站停在了泉城济南，在庆商茶园（戏院）做了数月演出。白玉昆领衔夜场，唱连台本戏，孟小冬挂二牌。而日场则由孟小冬出演传统折子戏为主，常演剧目有《捉放曹》《空城计》《朱帘寨》《四郎探母》等，每一出都十分叫座。

很快，庆商茶园的卖座演出引起了济南"第一大戏迷"——军阀张宗昌的注意。这位山东督办是个道地的戏迷，尤喜听余叔岩的戏。心血来潮时，还会派人专程将余叔岩从北京接到济南，为他唱戏，陪他打牌。作为张作霖身边的大红人，想巴结张宗昌的大人物不胜枚举，但凡来过济南的大牌名伶，也无一不在张府唱过堂会，这使得张宗昌的听戏水平较一般军阀而言略高一筹。不过，"第一大戏迷"并不是位高权重的张宗昌最家喻户晓的事，他生性好色无度，所到之处，只要碰到心仪的靓丽女子，无论软磨还是硬泡，必立马收入"后宫"。因此，张宗昌的姨太太多到连他自己都记不住人数，只能以地域命名，从"济南夫人""天津夫人""杭州夫人"到"日本太太""高丽太太""白俄太太"……竟能拼凑出一幅小型世界地图，且人数随时浮动，堪称"济南一绝"。

得知庆商茶园近期来了一个专唱老生戏的小姑娘后，张宗昌本是抱着好奇心前去一探究竟，未曾想，站在舞台上的竟是一位才貌双绝的空灵女子，她不仅唱腔与神韵酷似余叔岩，阅女无数的张宗昌也一眼看穿，男装扮相之下的她有着颀长窈窕的身姿与清新脱俗的样貌。从此，张宗昌一连半月，每日都往茶园跑，不但订购了大量戏票分发给亲友、同僚、下属，命大家一同捧场，更让人制作了大大小小、横条竖版的各式锦旗赠予孟小冬。眼看张宗昌如此大献殷勤，想奉承他的商界人士似乎找到了新的门路，纷纷效仿，一时之间，锦旗、花篮等礼品被络绎不绝地送往戏院，充塞着大厅、过道与舞台。更有甚者，向张宗昌提议，可将孟小冬直接请到张府唱堂会，才能"近水楼台先得月"。

于是，孟小冬一行人不得不暂别庆商茶园，受邀至张宗昌的官邸，一连数日，为张府上下表演了数出各自的拿手剧目。府内张灯结彩，锣鼓喧天，人声鼎沸，比过年过节还热闹。每当孟小冬在临时搭建的简易戏台上大放异彩之际，坐在台下八仙桌旁的张宗昌，总会一边把玩着桌上的果品，一边直勾勾地盯着孟小冬，由头到脚，再由脚到头，心里盘算着何时才能拿下这位下凡的仙女。

对于张宗昌接二连三的动作，仇月祥等人既为之焦虑，又无计可施，唯有让孟小冬平日里出入张府时不施粉黛，身着暗淡长衫，脚穿黑色布鞋，头戴遮脸礼帽，完全一副大男孩打扮。可即便如此，也难掩孟小冬秀在其内的姿色。此时的孟小冬已出落得亭亭玉立，一张清秀可人的瓜子脸上留着少女独有的刘海，如画的眉眼，高挺的鼻子，小巧的嘴唇，一切都如此恰如其分，让人过目难忘。

好不容易远离了黄金荣的地盘，如今又落入张宗昌的魔窟，正当众人为孟小冬提心吊胆、竭力思考逃脱之计时，一封来自张（作霖）大帅的紧急电报犹如一场及时雨，解了孟小冬的困境。原来，张宗昌突然被张作霖急召入

少女孟小冬之低调男装扮相　　少女时期的孟小冬

京，共商要事。张宗昌权衡再三，深知身处军阀混战时期，各地战事吃紧，变幻莫测，一旦遵从召唤，数日之内能否返回便是未知之数。不过，眼前的美人可比不上手中的饭碗金贵，于是张将军只好眼睁睁望着已送到嘴边的天鹅肉，又自己飞走。

张宗昌前脚刚走，孟小冬一行人便迅速收拾行装，连夜告别泉城，前往下一站——天津。作为"三大最难对付的码头"之首，天津向来是名伶必争之地，此处戏迷的听戏水平比汉口戏迷更高，对演员的一招一式都颇有要求。因此，但凡能在天津唱红的名角，也必能享誉全国，正如梨园界的一句行话所言："北京学艺，天津唱红，上海赚钱"，便充分表明了天津在京剧艺术发展中不可取代的地位。

抵津之后，孟小冬、白玉昆、赵美英领衔众人演于新民大戏院，由3月演至5月，演期虽不长，却受到内外行一致好评，成功拿下津门。有趣的是，孟小冬还凭一己之力，吸引了一大批青年观众走进剧院。这批新观众大多为在校大、中学生，并非真正的戏迷票友，只是偶然经过照相馆时，看到橱窗中陈列的孟小冬时髦便装照，顿觉惊为天人，就买回一两张夹在书里或贴在铅笔盒上，随身携带以便随时欣赏，并常常向旁人展示。如此一来，孟小冬的美貌便一传十，十传百，迅速在天津的学生群体中流传开来，风靡一时。有的青年本是抱着一睹孟小冬芳容之目的匆匆赶到戏园为其捧场，岂知在听了一两场戏后，立即生出兴趣，逐渐转为戏迷；也有的青年本就听戏，但因欣赏了孟小冬的几出剧目后，便成了资深"孟迷"，自此开始关注孟小冬的一切动向，无论孟的私人生活，还是演出生涯，都能如数家珍。

　　天津之行圆满结束后，孟小冬等人终于来到北上的终点站、京剧的发源地——北京。虽已接连拿下三大码头，但对于孟小冬是否能够一举震京，仇月祥并无十足把握。要知道全国最著名的京昆伶人皆聚于此处，百花齐放，争奇斗艳，形成日夜打擂台之架势。因此，想要从群伶包围之中

孟小冬冬季便装照

孟小冬男装扮相便装照

脱颖而出，除了要有过人的天赋和实力外，运气与观众缘也需同时兼具。

1925年6月5日，孟小冬的京城首演在三庆戏院举行，打炮戏为全本《四郎探母·坐宫》。戏院门口四处张贴着关于此次首演的醒目广告，尤其"名震中国坤伶须生泰斗孟小冬"几字格外引人注目。

傍晚时分，戏院门前人头攒动，观客如潮，已见惯大场面的京城戏迷们为新鲜感驱使，迫切地想要看看这位由上海一路红到天津的年轻女老生究竟为何方神圣。当晚，孟小冬端庄的扮相、峭拔的功架、动人的神韵、悠扬的唱腔、劲道的咬字，无一不使在场观众叹为观止，一曲唱毕，全场轰动。

除了戏迷为之疯狂，新闻界与行内人士亦对孟小冬大加赞赏。隔日《大公报》载文盛赞曰："小冬扮相端庄，而好在处处有神气，唱则咬字正确，而好在字字有劲……至于她的唱腔，简直美不胜收，嗓子愈唱愈亮，痛快淋漓，令人有余音绕梁，三日不绝之感。加之孙佐臣操琴，更是增色添辉。总之，孟伶之须生，不惟在坤角中独步，即与现时著名之男伶颉颃，亦不见稍逊。"而撰写剧评的"燕京散人"则称："孟小冬生得一副好嗓子，最难得的是没有雌音，这在千千万万人里是难得一见的，在女须生界，不敢说后无来者，至少可说是前无古人。"就连一向反对旧剧的胡适先生，也对孟小冬做出"身段、扮相、做功毫无女子之气，真是好极了"的评论。于是，孟小冬不仅首演告捷，更获得了情理之中、意料之外的巨大成功。从此，孟小冬之名不胫而走，很快就传遍了整个北京城。

孟小冬在《四郎探母》中饰演杨延辉之扮相

1925年8月,一场盛大的义演在北京第一舞台拉开序幕,未满十八的孟小冬作为年纪最轻之坤伶被邀出席,与裘桂仙合演倒三戏《上天台》,压轴戏是余叔岩与尚小云的《打渔杀家》,而大轴是梅兰芳与杨小楼的《霸王别姬》。孟小冬入京不到三个月,就迅速得到与梨园大腕们同台表演的机会,这让前辈们对她产生了强烈的好奇心。当然,孟小冬也十分珍惜这难得的学习机会,表演完毕后,便留在后台,仔细观摩前辈们的演出。殊不知,前辈们早都各自在化妆间,竖着耳朵聆听了她的《上天台》,众人啧啧赞叹之余,皆萌生了日后定与她合作的想法。

事实上,北京向来是旦角儿的天下,除"四大名旦"梅兰芳、程砚秋、尚小云、荀慧生红到发紫外,尚有朱琴心、小翠花、王幼卿、程玉菁、徐碧云、黄桂秋等名伶,均已有了数量庞大且稳定的受众。而在须生行列中,由"四大须生"余叔岩、高庆奎、言菊朋、马连良四人打头阵,向来不缺狂热戏迷的拥戴,加上王又宸、谭富英、王凤卿、王少楼、贯大元等人也瓜分了不同数量的观众,京城梨园界可谓龙盘虎踞,竞争激烈。此时的南北艺人,如若想在京城站稳脚跟,独当一面,就必须占尽天时地利,使出浑身解数,方可获得一席之地。

此前,由沪来京的名伶虽多,如麒麟童、夏月润、冯子和、赵君玉等人,却都未撑过观众的新鲜期,先后铩羽而归,而此次和孟小冬搭班北上的白玉昆等人最终也无功而返。唯有孟小冬,异军突起,格外受到欢迎。不但戏迷们蜂拥而至,北京各大戏园也争先恐后地邀请孟小冬驻场表演,一时之间,孟小冬分身乏术,常需在一日之内往返前门一带的三家戏园赶场演出。

好在十七岁的孟小冬精力旺盛,乐此不疲,在她身边辅佐的仇月祥与孙老元两人也是铆足力气,从不觉累。自6月初在京城首演成功至这年年底,孟小冬忙到一个礼拜仅有两个半日的休息时间。仇月祥负责孟小冬的对外事务,不仅将她日常两到三出的戏院演出,大大小小的义务戏、堂会戏安排得井井有条,更为孟小冬与"长城""丽歌"两家唱片公司洽谈了灌录四张唱

"四大名旦"于20世纪40年代合影，后排左起为尚小云、梅兰芳、荀慧生，前排为程砚秋

片之事宜，不过短短几月光景，便让孟小冬手里有了一笔可观的积蓄；孙老元则自1922年开始与孟小冬合作，便逐年续签，一直跟在孟小冬身边。除为孟小冬操琴外，还兼顾辅导孟小冬的唱念，一字一句，尽心尽责，让忙于演出的孟小冬，从未疏于技艺的精进。看着孟小冬不断进步，两老亦乐在其中。

皇天不负苦心人，"拼命三郎"孟小冬在以最快速度扎根京城的同时，也不断迎来事业的小高峰。由于位列"四大须生"之首的余叔岩正饱受膀胱宿疾之苦，一周最多搭班出演一到两次，大批余迷因长时间得不到满足，只好一面焦灼地等待余叔岩康复，一面将部分热情投向了酷似余叔岩的孟小冬，视孟小冬为余叔岩之接班人。因此，孟小冬的身影虽时常出现在各类舞台、报刊、广告招贴上，却从未让观众产生丝毫审美疲劳，而孟小冬的戏迷队伍亦日渐壮大，人数多到已可与其他三大须生分庭抗礼了。

1925年深秋，一个平常的下午，一位西装笔挺的中年男子伫立在东堂子胡同门外，他操着一口上海腔调的普通话，请门房进屋通报孟小冬一声，就说"杜月笙求见"。得知杜月笙突然来访，孟小冬与仇月祥赶紧出门

而立之年的"须生之首"余叔岩留影

相迎，而杜月笙此次进京，是受黄金荣之命，寻拿露兰春回沪。原来，早在半年前，黄金荣和露兰春就已在杜月笙的调停下办理了离婚手续，之后，黄金荣迅速纳了露兰春的徒弟小兰春（严绮兰）为妾，不过，纳妾的新鲜感一过，黄金荣又想起了露兰春，对其始终念念不忘，对她的离去也是耿耿于怀，便四处派人打探露兰春之下落，却不知从哪里听来了一则小道消息，说露兰春被昔日好姐妹孟小冬藏在了北京的宅子里，于是，一心想和露兰春旧情复燃的黄金荣便委托杜月笙想办法摆平此事。但黄金荣又怎会知道，当初正是杜月笙出钱出力，暗中帮助露兰春悄悄离沪，逃往了天津。其时，杜月笙在上海之地位已远超黄金荣，这等芝麻小事哪需其亲自出马，但杜月笙最终答允，一是碍于情面，且怕此事若由他人经手，万一真相败露，从此与黄金荣交恶，得不偿失。如果顺着黄金荣的指示办理此事，终归定是无功而返，但如此一来，装模作样地执行了任务，也算给黄、露两边都有个交代。二是出于私心，自己也刚好有了个名正言顺的契机，得以入京拜访孟小冬。

不过，杜月笙只道是寻常来访，对露兰春一事三缄其口，与孟、仇二人闲话家常时，也未向其讲述此行的艰辛：杜月笙此次赴京为私人暗访，为避免人多口杂，并未提前联络在京城相熟之人，身边也只跟了两个亲信。恰好三人均是首次踏足此地，人地生疏，也无孟小冬确切地址，只好先找了个旅店住下，再做打算。缩小寻人范围后，杜月笙一行三人，每日分头到北京各家戏院碰运气，一连几日，挨家寻访，最终在开明戏院门口见到了孟小冬的演出广告，不过，此时已过了孟小冬的演出时间，三个外乡人只能两眼一抹黑，继续等待孟下一次的演出。此后的几天，杜月笙轮番在华园、中和园与广德楼等地观看了小兰英、姚玉兰、姚玉英母女三人，李万春、魏莲芳、程砚秋、贯大元等名伶的演出，过足了戏瘾之余，更对姚玉兰过目不忘，认为其唱老生戏时颇有孟小冬的神韵，长相亦十分端庄秀丽，便将此女记在了心中，不过，杜月笙此时并不知晓，姚玉兰与孟小冬早已结拜金兰……10月30日晚，杜月笙终于等来了孟小冬在开明戏院的演出，散戏后，他吩咐亲信雇了一辆黄包车，尾随接送孟小冬往返戏院的人力包月车，一下便摸清了孟的住址。由于当时已是深夜，不便打扰，杜月笙决定第二日再登门拜访。翌日清晨，杜月笙早早去到王府井大街，在京城最好的理发店请人为自己打理了发型：整齐的小分头配发油。再加上专门为此行准备的全套高档西装与一双白色尖头皮鞋，让这位身无雅骨的38岁上海大亨，看上去倒也仪态潇洒、斯文儒雅。

在杜月笙滔滔不绝地讲述自己在北京的观戏感悟之时，仇月祥忙前忙后，不仅亲自倒茶、敬烟，还不时向孟小冬使眼色，提醒她积极给予杜月笙回应，但孟小冬依然只微笑而不语，仇月祥唯有亲自接过话题："感谢杜先生百忙之中还抽空来看望我们冬姑娘。要不是有您和黄老板这两位'伯乐'，我们家小冬哪有今天？"杜月笙连连摆手："仇老言重了。孟大小姐在北京大红的消息早就传遍了上海梨园界，现在的孟大小姐比起在共舞台那会儿，完全不可同日而语！"仇月祥笑着回道："这还不是多亏了两位老板的慧眼和栽培呢。"杜月笙却转头向孟小冬道："不不……像孟大小姐这种'千里马'，是根本不需要'伯乐'和'慧眼'的，任侬在哪里，都能发光，都能耀眼。对……对……孟大小姐还是一匹老好看（美丽）的、会飞的'千里马'，侬在京城必定一飞冲天，名震全国！万人敬仰！"杜月笙这番夸了又夸、捧了又捧的话语，让孟小冬一下子失了神，她突然感到脸颊有些微微发烫，便不再看向杜月笙。只听杜月笙又道："不知孟大小姐何年何月再回上海献艺？到时唔（我）定会天天捧场！"说着，杜月笙站起身来，"不过，若是孟大小姐不回上海也没关系，杜某人一有时间，就来北京捧侬的场。祝愿孟大小姐成为京城……不对……成为全国最红的角儿！"说完，杜月笙抱拳告辞，仇月祥赶紧上前将杜送到大门口，孟小冬则立在西厢房外台阶上，目送杜月笙离开。

杜月笙的来访与一席话，让孟小冬开始规划起了自己的未来。眼看在北京发展得如此顺畅，孟小冬决定长留于此，一来可保证稳定且可观的收入，二来也可向更多名伶请教学习，尤其如余叔岩这样的大师，每一次观摩其演出，都能获益匪浅。于是，孟小冬与仇月祥商量，想将远在上海的家人接到北京一起居住，这样一来，既少了牵挂，又多了照应，可谓两全其美。仇月祥十分赞同，并立即代孟小冬修书一封，寄给了孟父孟鸿群。

【第三回】 梅孟之恋 龙凤之争

1926年，早春的上海乍暖还寒，但孟鸿群心里却有着别样的暖意。3月的一个午后，孟鸿群收到了孟小冬的来信，此信虽为仇月祥代写，但言语间强烈表达了孟小冬迫切想接全家进京团聚的愿望。孟鸿群甚感安慰，一来，他从未想过孟小冬竟如此之快就在北京立足。当初孟小冬北上发展，孟鸿群因身体原因未能随行，实属遗憾，如今得知女儿在京城之盛况，让孟鸿群欢喜不已。二来，孟鸿群自己出生宛平，长在北京，虽十几岁时随其父亲南下谋生，于上海一待就是四十余年，但始终对北方这片土地饱含深情，若是四十多年后还可重回故土，落叶归根，也算是"天降厚礼"。于是，孟鸿群立即决定将上海观津里弄堂的家当清算处理，送人的送人，变卖的变卖，连日收拾好行装，携妻带幼，一家五口登上了北去的火车。

　　家人的到来让原本面积就不算很大的四合院更显逼仄。为了不让身体欠佳的父母太过操劳，孟小冬先请娘舅张桂芬帮忙在东四牌楼三条觅得了一处宽敞的住所，又专门雇了一位烧菜做饭的老妈子和一位负责看门的高个子管家分担家事。虽说东四三条这处宅子也是老式的四合院，却有之前的东堂子胡同两倍之大，且含两个门道，可分可合，院落亦十分宽大明亮，还种有植被，当然，房价也着实惊人，高达六千大洋。孟氏夫妇初时并不赞同乔迁新居，认为此举颇为破费，但转念一想，既然现今全由孟小冬一人负担家用，

孟家全家福。前排左起张云鹤、孟鸿群，后排左起孟幼冬、孟小冬、孟学科

其决定也应遵从，况且此举之目的也是为了让全家住得更好，于是孟鸿群和张云鹤也就欣然接受了这份好意。

不久，一家九口浩浩荡荡搬进了新屋。孟氏夫妇与孟佩兰（孟家老二）、孟学科（孟家老三，唯一的儿子）及孟幼冬（孟家老四，最小的女儿）居东四牌楼三条25号，孟小冬与仇月祥居26号。两户之间仅一墙之隔，如此一来，孟家众人既能同住一个屋檐之下，互相照应，又能各自拥有独立空间，互不打扰。

游龙戏凤　暗生情愫

春意甚浓的一晚，孟鸿群辗转反侧。因数年前在台上小中风后，孟鸿群的身体一直十分虚弱，稍有不慎，便易伤风感冒。加上一时还有些不适应北京的水土天气，孟鸿群常常难以入眠。这晚，他索性走到院子里透气，却发现仇月祥坐在院子的一角，自顾自小酌。自迁入新居以来，孟鸿群几乎就没碰见过仇月祥，更别提孟小冬了。孟小冬每天早出晚归，忙于演出，待归家之时，家人又都已就寝，而但凡孟小冬待在家中，所有时间不是用以吊嗓练功，就是会客，因此全家人即便住在一起，却依旧鲜少有单独见面的机会。

此时，孟、仇二人在院子里偶遇，相视一笑后，便自然而然地聊起了天。仇月祥一面将孟小冬这些年的情况向孟鸿群娓娓道来，一面对孟小冬大赞特赞："小冬在北京这些日子可是一刻都没放松过呀。不仅继续深研谭艺，还先后向言菊朋、李适可、鲍吉祥问艺求教，甚至请来了余（叔岩）大贤的大弟子杨宝忠给她说戏兼操琴伴奏。演出、赚钱、学艺、深造，是样样没耽误，样样做得好。五爷，您不知道，前一阵子，小冬不是受邀去冯（耿光）六爷家参加午宴吗？梅（兰芳）老板当场就亲口跟我们说，以后但凡他唱堂会，如有《四郎探母》这出戏，必邀请咱家小冬合作。这在京城，已算是最大殊荣了吧。"仇月祥一席话，听得孟鸿群十分开心，不禁叹道："真是吾家有女初长成啊。"

始料未及的是，还未等到梅兰芳邀请孟小冬合演《四郎探母》，两位红

青年时期的梅兰芳　　　　　　而立之年的梅兰芳

伶就在一次堂会上提前会了面。

　　5月4日，身兼北洋政府财政总长与中国银行总裁的王克敏为庆贺五十大寿，遍邀北京城内名伶大唱堂会戏，其中，最当红的孟小冬和梅兰芳自然也是座上宾。除了各大名伶俊秀，城内叫得上名的大人物也都悉数到场，盛况空前。

　　在长长的演出戏单上，最引人注目的两个名字，一为梅兰芳，一为孟小冬。很多宾客也是抱着一睹两位红人之风采前来，期待之情溢于言表。梅兰芳与梅党众人落座于大堂居中的位置，梅兰芳身着浅色长衣，面目清秀，神采奕奕，在人群中格外耀眼。孟小冬与仇月祥则位于大堂偏左的位置。孟小冬身着便装，未施粉黛，却也格外动人。俊男与美女之间似乎有着某种天然的磁场，即使两人相距甚远，也不禁会成为众人同时关注与联想的焦点。

酒席筵前，一向爱搞气氛的报界人士张汉举（北京《大陆晚报》经理）突发奇想，向众人提议："王总长的五十大寿可不能太过平常，不如今晚就先请我们的旦角之王梅兰芳先生和须生之皇孟小冬先生共演一出作为开场，大家意下如何？"一时间，众人七嘴八舌地讨论了起来："孟先生的戏目不是《坐宫》吗，这样临时改动是否合适？""梅老板演的不也是《四郎探母》另一折吗？不如就让两位合演一折？""既定戏目有什么看头，让二位红人即兴发挥岂不更妙？"见众人争执不下，张汉举站起身来，高声说道："要不这样，就让二位合演一出《游龙戏凤》如何？一王一皇，互换身份，梅先生演李凤姐，孟先生演正德帝，来个阴阳颠倒，当真皆大欢喜。"此话一出，全场附和，寿星王克敏也点头表示赞同。更有好事者连连说出"王皇同场，珠联璧合""乾坤扭转，别开生面"等话语，引得全场笑声不断。

《游龙戏凤》是生、旦合作的传统戏，又名《梅龙镇》，取材于《正德游龙宝卷》。讲的是正德皇帝（明朝武宗朱厚照）乔装军官出游京北偶遇李凤姐的故事。一夜，正德帝行至梅龙镇，投宿李龙客店，恰逢李龙外出巡更，留其妹李凤姐照看客店。凤姐见正德帝一身军官打扮，丝毫不敢怠慢，机警伶俐地伺候茶酒。而正德帝见凤姐美貌出众，聪明伶俐，甚爱之，乃加调戏。凤姐跑回卧室，正德帝追来，凤姐正要呼喊，正德帝亮出滚龙袍，告知身份，并封凤姐为"嬉耍宫妃"。

梅兰芳此前多次与余叔岩合作此戏，演于各大堂会。对他来说，只要稍作打扮，照本宣科，便能毫无破绽地完成表演。见众人盛情难却，梅党领袖冯耿光示意梅兰芳下场准备。待梅兰芳离席，众人又将目光投向了另一位主角。孟小冬此前虽学过此戏，却尚未公演，更别说在没有排练的情况下和梅兰芳直接"台上见"，这确实是一次难度颇高的挑战。仇月祥面露难色，迟迟未做决定。这时，孟小冬转向仇月祥，轻声说道："师父，为我上妆吧。"眼见孟小冬脸上毫无惧色，仇月祥也就放宽了心。在众人的喝彩声中，仇月祥陪同孟小冬下场，洗脸化妆，粉墨登场。

待梅兰芳与孟小冬二人相继回到台上,众人又炸开了锅。梅兰芳头戴珠钗发带,顺直黑亮的秀发散落在肩上,一袭粉色花衣衬得身段一流。同时,梅兰芳故意将眼圈画成深黑色,再加一吊眉,显得格外有神。梅兰芳的这位"李凤姐"从妆容到服饰皆一丝不苟,再配合他的脸型,李凤姐既显示出了娇媚可人的一面,又不失少女天真烂漫的感觉,这和以往其他青衣所塑造的李凤姐大有不同。孟小冬将头上的网子勒得较高,显得长眉入鬓,既带着武生气,又因孟小冬的眼皮上抹了浓重的红彩,又带了些许浪漫气息。再加上孟小冬清秀而英气的脸庞,这位"正德帝"既像旧时的军官,又保住了皇帝的气韵,看起来落落大方,潇洒倜傥。

见现场议论声不断,王克敏站起身来,摆了摆手,示意众人安静,随后伴奏之声响起。

《游龙戏凤》扮相

《游龙戏凤》

【第一场】

李凤姐（二黄四平调）：自幼儿生长在梅龙镇，兄妹卖酒度光阴。我兄长巡更去守夜，他言道前堂有一位军人。将茶盘放至在桌案上，呀咈：急忙回转绣房门，啊啊啊，绣房门。

正德帝（二黄四平调）：好花儿出在深山内，美女生在这小地方。孤忙将木马儿一声响。

李凤姐（二黄四平调）：后面来了卖酒的人。

正德帝（二黄四平调）：好一个乖巧李凤姐，她与孤王要酒钱。我这里忙把银来取，九龙袋取出了一锭银。

李凤姐（二黄四平调）：用巧计记过银一锭，问声军爷几个人？（正德帝接唱）为军的一人一骑马，（李凤姐接唱）一人用不了许多的银。

正德帝（二黄四平调）：龙行虎步把客堂进，（李凤姐接唱）用手关上两扇门，啊，掸一掸灰尘。我这里将酒席忙摆定，尊声军爷饮杯巡。

正德帝（二黄四平调）：这酒席摆得多齐整，缺少龙心与凤肝。孤忙将木马儿连声响，（凤唱）想是茶寒酒又凉。

李凤姐（二黄四平调）：没奈何斟上酒一槽，叫声军爷饮杯巡。（正德帝接唱）接酒时将她来戏一戏，看她知情不知情。

梅、孟二人唱至此处，已获得满堂彩声，而接下来的念白部分，更是万众期待的重头戏，大多观众不约而同地屏住呼吸，想要看个仔细。

正德帝（白）：拿去。

李凤姐（白）：放下。

正德帝（白）：放在哪里？

李凤姐（白）：放在桌儿上。

正德帝（白）：这银子是光的，桌儿是滑的，要掉了地下呢？

李凤姐（白）：掉在地下，有我去拣呐。

正德帝（白）：我怕呀。

李凤姐（白）：你怕什么？

正德帝（白）：我怕闪了大姐你的腰哇！

李凤姐（白）：哎！闪了我的腰，与你什么相干？

正德帝（白）：为军的心疼哪。

李凤姐（白）：我自己不心疼，要你来心疼？放下！

正德帝（白）：哦，放下，放下。

（正德帝用扇遮银子。）

李凤姐（白）：呀！军爷你敢是舍不得么？

正德帝（白）：我倒舍得。只怕你呀……呵呵，舍不得。

李凤姐（白）：啊呀，且住！看这军爷有些不老成，待我哄他一哄。啊，军爷，你进得我们店来，可曾看见一幅古画？

正德帝（白）：你家有个古画，在哪里呢？

李凤姐（白）：在那里。

正德帝（白）：在哪里？在哪里？

（李凤姐拿银子。）

李凤姐（白）：在这里。

正德帝（白）：哎呀！被她哄了去了哇。

李凤姐（四平调）：用巧计诓过银一锭，问声军爷几个人？

正德帝（四平调）：为军的一人一骑马，

李凤姐（四平调）：一人用不了许多的银。

李凤姐（白）：银子多了。

正德帝（白）：多了？人的酒饭，马的草料。

李凤姐（白）：哦，人的草料，马的酒饭。

正德帝（白）：呃！人的酒饭，马的草料。

李凤姐（白）：还多呢。

正德帝（白）：还多，哦，也罢，剩下那就送与大姐你买花儿戴呀。

李凤姐（白）：多谢军爷。

正德帝（白）：不承一谢。

李凤姐（白）：啊，军爷请哪！

正德帝（白）：请到哪里？

李凤姐（白）：请到客堂。

正德帝（白）：我正要到你的卧房。

李凤姐（白）：哎！客堂啰！

（正德帝学李凤姐。）

正德帝（白）：哎！客堂啰！哈哈哈……

（行弦）

正德帝（白）：掌灯！这是何人的房子啊？

李凤姐（白）：这是我哥哥的卧房。

正德帝（白）：哦。这个呢？

李凤姐（白）：这是我的卧房。

正德帝（白）：哦。我倒要看上一看。

李凤姐（白）：哎！慢来慢来！你可知道，男女有别呀！

正德帝（白）：哎呀呀！这个小丫头她也晓得男女有别呀，哈哈哈。

李凤姐（四平调）：龙行虎步客堂进。

正德帝（白）：呃，开开啊。

李凤姐（白）：门不开了！

正德帝（白）：啊呀呀！这梅龙镇上好紧的门哪！

李凤姐（白）：我们这里遇见你们这样人，这门户是不得不紧呐。

正德帝（白）：呵呵……
　　　　（正德帝自下场门下。）
李凤姐（四平调）：用手儿关上两扇门，啊啊啊啊，掸一掸灰尘。
　　　　（行弦，李凤姐摆酒。）
李凤姐（四平调）：我这里酒席忙摆定，请出军爷饮杯巡。
李凤姐（白）：哎，军爷，请出来用酒哇，哎，军爷，请出来用酒呀！哎呀呀，你看这个人，叫他出来，他又不出来了。

　　这时，李凤姐走到一旁做洗手状，正德帝从后方暗上，突将她抱住。李凤姐先是一惊，然后娇笑几声，用力挣脱正德帝。梅、孟二人这打情骂俏的场面本是按照剧本规规矩矩地在演，亲昵动作也都是点到即止，却看得台下众人个个面红耳赤，激动得东倒西歪。

　　相比《坐宫》或《武家坡》这样的生旦对儿戏，《游龙戏凤》确实更加罗曼蒂克。因它的剧情既不涉及国仇家恨，也无任何思乡别离，有的只是男女之间初见时的喜悦与暧昧，轻松的氛围更易给人遐想的空间，加上梅、孟二人在身段动作上的精准演绎，似乎让众人完全忘了眼前的一切不过是一场唱做并重的表演而已。

　　见众人反应如此热烈，冯六爷（耿光）转头看了一眼身旁的齐如山，齐如山立即会意，将手中的瓜子放回桌上，一面大声叫好，一面使劲拍手，现场观众也随之鼓起掌来。

李凤姐（四平调）：没奈何斟上酒一杯，叫声军爷饮杯巡。
　　　　（李凤姐边唱边倒酒）
正德帝（四平调）：接酒时将她来戏一戏，看她知情不知情。
　　李凤姐将酒碗递与正德帝，正德帝左手接过酒碗，趁机用小拇指指甲搔挠了几下李凤姐的手心。李凤姐将手抽回，假装生气地瞪了一眼正德帝。正德帝微笑着饮一口酒，举起酒碗，对着李凤姐道（白）：干！

李凤姐（白）：干你娘的心肝！

正德帝（白）：哎！这个丫头怎么骂起人来了？

李凤姐（白）：你为何将我手着了一下？

正德帝（白）：哎呀，不错，为军的这几日不曾跑马射箭，指甲长长了，着了大姐一下，也是不为紧要哇。

李凤姐（白）：我们女儿家指甲也是长的，怎么着着不着你呀？

正德帝（白）：哦！大姐你是爱小便宜呀。好好好，为军的一双粗手，任凭大姐着上几下，来，请着！

李凤姐（白）：军爷叫我着？

正德帝（白）：叫你着！

李凤姐（白）：如此我就……不着了。

正德帝（白）：怎么不着了？

李凤姐（白）：你将手放平些！

正德帝（白）：好好好，放平些，放平些。

（正德帝面带笑容，边说边将双手伸平，手心向上）

李凤姐（白）：如此，我就……着，着，着。

正德帝（笑）：哈哈哈……

虽然梅、孟二人表演此情景时，只是象征性地比画了几个姿势，并无真正的肢体接触，但因二人将此眉来眼去之场景表演得十分细腻，很多观众看至此处，再也按捺不住激动之情起身叫好，满堂喝彩声不断，竟将后面唱段的快板声都淹没了。

李凤姐（西皮流水）：月儿弯弯照天下，问起军爷你哪里有家？

正德帝（西皮流水）：凤姐不必细盘查，为军家住在那天底下。

李凤姐（念白）：一个人不住在天底下，难道你住在那天上不成？

正德帝（念白）：为军的住处与众是大不相同。

李凤姐（念白）：怎样不同？

正德帝（念白）：我就住在北京城内，大圈圈里面有个小圈圈，小圈圈里面有个黄圈圈，我就住在黄圈圈里面。

李凤姐（念白）：我好像认识你呀。

正德帝（念白）：你认识我是哪一个？

李凤姐（念白）：你是我哥哥的……

正德帝（念白）：什么？

李凤姐（念白）：大舅子啊。

正德帝（念白）：哎呀呀，被她占了便宜去了。

李凤姐（西皮流水）：军爷做事理太差，不该调戏我们好人家。

正德帝（西皮流水）：好人家来歹人家，不该鬓间斜插海棠花。扭扭捏捏多俊雅，风流就在这朵海棠花。

李凤姐（西皮流水）：海棠花来海棠花，倒被军爷取笑咱。我这里将花丢地下，从今后不戴这朵海棠花。

正德帝（西皮流水）：李凤姐，做事差，不该将花丢在地下，为军将花忙拾起，李凤姐，来来来，我与你插……插……插上这朵海棠花。（李凤姐接唱）军爷百般来戏耍，去到后面我躲避了他。

（李凤姐从下场门出）

正德帝（西皮散板）：哈……任你走到东海岸，为军赶你到天涯。

（正德帝从下场门出）

当梅、孟二人自上场门返回台上，向全场观众鞠躬致谢之时，大多数人才回过神来——精彩表演已经结束。一时之间，掌声雷动，经久不息。下场时，梅兰芳礼貌示意孟小冬先行移步，当两人眼神交汇的刹那，梅、孟二人都不约而同地极速回避，而刚才表演时的自然洒脱也瞬间消失得无影无踪。

这场即兴表演无疑带给现场众人莫大的惊喜，只是站在不同角度的观者，产生的却是不同的想法。对于观众而言，无论从扮相、气质还是表演，十八岁的孟小冬扮演的正德帝与三十一岁的梅兰芳扮演的李凤姐配搭在一起竟毫无违和之感，犹如天作之合。在戏迷眼中，其实早已将两人的角色对调：那亭亭净植的出水莲花，不是李凤姐，而是孟小冬；那气宇不凡的翩翩公子，不是正德帝，却是梅兰芳。

观众席中，一手促成这场表演的张汉举尤为得意，他摇头晃脑，重复赞叹着"不愧是梅兰芳呀！不愧是孟小冬呀！有意思！有意思！"这席话似乎在有意提醒众人：千万别忘了我张汉举这位最大的功臣。坐在张汉举一旁的几位梅党中坚分子则在观众热烈的反应中嗅到了一丝商机，冯耿光、齐如山、李释戡三人轻声商议起了如何让梅、孟二人长期合作的事宜。

后台处，看完演出的仇月祥心头大石落地，终于面露喜色。他未曾想到孟小冬初次与梅兰芳合作就能达到如此效果，不枉费自己苦心栽培孟小冬十几载。这次的"台上见"不仅没让孟小冬丢掉饭碗，反而更加确定了"孟小冬"三字是实打实的金饭碗。

比起现场的看客们，最感震惊的其实是梅兰芳和孟小冬他们自己。梅兰芳虽多次演过《游龙戏凤》，但大多是和余叔岩这样的男老生合作，此回不仅是他第一次搭档女老生，并且是和从未合作过的后起之秀直接"台上见"，梅兰芳原本并无十足的把握，但当他按照自己惯常的方式演绎李凤姐时，孟小冬总能在最恰当的时间点给予最合适的反应，无论念白还是唱段，无论节奏还是动作，均与之配合得天衣无缝、滴水不漏，这莫名的默契度着实让梅兰芳感到吃惊。而更让梅兰芳惊讶的是孟小冬的实力与伶俐，小小年纪的她不仅表现出了正德帝的风流倜傥，更因她清秀稚嫩的脸庞，为帝王平添了几分儒雅气质。与孟小冬的正德帝搭戏，梅兰芳表现起李凤姐来也更为轻松自如，自然而然便塑造出酒炉小姑娘的天真烂漫。虽然梅兰芳早就见过孟小冬，但这次面对面的合作更加深了他对孟小冬的了解，油然而生的不但有欣赏之情，似乎还萌发出一丝微妙的情愫。同样，二九年华的孟小冬在面对梅兰芳这般才貌双全的成熟美男之时，除了早已产生的崇拜之情，内心也多了一丝悸动。

随后，梅、孟合作的这出《游龙戏凤》被好事者们描绘成各种版本的故事，成为北平票友们茶余饭后最喜欢的闲聊八卦。未料，《游龙戏凤》的风波还未完全平息，8月的另一场堂会，再次让梅、孟二人成为全城热议的焦点。

8月23日，京城文化名人冯公度在位于西四羊肉胡同24号的家宅院内，为其母的八十寿辰举办了一场盛大的堂会。原定由梅兰芳、余叔岩合演的《坐宫》因余叔岩突病而改由孟小冬与梅兰芳搭档。由于《游龙戏凤》珠玉在前，故所到宾客无一不对《坐宫》寄予厚望。《坐宫》出自《四郎探母》一剧，与《游龙戏凤》着力表现男女初遇时的怦然心动不同，《四郎探母》讲述了在宋辽两军对阵、剑拔弩张的背景下，辽国驸马杨延辉因思乡心切，向妻子铁镜公主表明了自己实为杨家第四子（四郎）之隐情，并在公主的帮助下盗取了出关令箭，回到朝思暮想的故乡，和离别十五载的家人相聚短暂一夜又匆匆离去的故事。该剧将一个时间跨度较长的故事分解成了《坐宫》《盗令》《惜别》《过关》《巡营》《闯营》《会兄》《探母》《回令》九折戏，环环相扣，一气呵成，并对人物之间的情感展开了颇具深度的描写，在"人情"二字上做足了功夫。因此，全剧表现的更多是交织着民族团结、人性道德、离愁别绪、不舍之义的复杂情感，包含了"民族情""夫妻情""母子情"与"兄妹情"等不同类别的情感表达，对唱功要求亦极高。九折戏中最常演亦最具难度的是第一折《坐宫》，其中既包含了表现夫妻情趣的"五猜"戏，又不乏公主在得知驸马身世秘密后的复杂情感戏。杨四郎与铁镜公主间的深情厚谊须在生旦一来一往的唱词之中显现，并通过西皮唱腔板式的变化，多层次地揭示人物情绪的变化，若是表演者无法在《坐宫》

中将情感铺垫得当，后面的八折戏便无从施展。

因堂会设在冯公度的私宅，所邀名伶均着便装表演。当身着一袭米白色旗袍的孟小冬与身穿白绸衬衫的梅兰芳同时出现在台上时，台下观众顷刻之间便沸腾起来。若是粉墨登场，厚重的妆容与服饰似乎还能掩盖梅、孟二人在容貌上的般配，但当两人以原本面貌相对，一旦一生，俊郎靓女，就再也无法让人从两人身上挪开目光。

在场观众议论纷纷，直到孟小冬以苍劲醇厚的嗓音唱出"杨延辉坐宫院自思自叹，想起了当年事好不惨然"一句，才让观众将眼前这位容貌秀丽的芊芊少女与英俊飒爽的杨延辉结合起来，恍惚间才意识到这出戏明明应是《四郎探母》，而非《梅孟传奇》。

杨延辉（西皮慢板）：杨延辉坐宫院自思自叹，想起了当年事好不惨然。我好比笼中鸟有翅难展，我好比虎离山受了孤单；我好比南来雁失群飞散，我好比浅水龙困在沙滩。想当年沙滩会，（西皮二六板）一场血战，只杀得血成河尸骨堆山；只杀得杨家将东逃西散，只杀得众儿郎滚下马鞍。我被擒改名姓身脱此难，将杨字改木易匹配良缘。萧天佐摆天门在两下会战，我的娘押粮草来到北番。我有心出关去见母一面，怎奈我身在番远隔天边。思老母不由得儿把肝肠痛断，想老娘想得儿泪洒在胸前。（哭头）眼睁睁母子们难得见，儿的老娘啊！（西皮摇板）要相逢除非是梦里团圆。

孟小冬一声比一声哀怨的自叹将杨四郎苦痛又无奈的心境表现得淋漓尽致，在场观众无不为之动容惋惜。这时，梅兰芳扮演的铁镜公主迈着轻盈的步伐上场，虽只是便装出演，但举手投足皆透着符合公主身份的端庄与尊贵。

铁镜公主（西皮摇板）：芍药开牡丹放花红一片，艳阳天春光好百鸟声喧。我本当与驸马消遣游玩，怎奈他终日里愁锁眉尖。

梅兰芳将这几句唱得轻松跳跃，为后续剧情制造了足够的反差感：铁镜公主原本怀着愉悦心情来与杨四郎见面，岂料看到夫君满面愁容，于是设法为其解忧，由此展开了一场夫妻之间的"五猜"戏。公主一猜道："莫不是我母后将你怠慢？"杨延辉回以"想太后，乃一国之主，慢说无有怠慢，纵然怠慢，焉敢怎样啊？"公主又二猜："莫不是夫妻们冷落少欢？"杨延辉反驳道："想你我夫妻，相亲相爱，越发的不是了啊。"公主继续三猜："莫不是思游玩那秦楼楚馆？"杨延辉答道："想那秦楼楚馆，虽然美景非常，难道还胜得过皇宫内院不成么？公主猜不着不要猜了啊。"公主不依不饶，四猜道："莫不是抱琵琶你就另想别弹？"杨延辉赶紧解释："哎呀，公主啊！想你我夫妻，况且又生下小阿哥，讲什么抱琵琶另想别弹？你说此话，屈煞本宫了。"说到此处，杨延辉竟偷偷拭泪。见夫君委屈而哭，铁镜公主既觉好笑又倍感心疼，同时，也在心中确定了五猜的方向。

铁镜公主（白）：哟！你瞧，你这爱哭劲儿的。咱家说了一句不要紧的话，就哭出来了。猜得不对，再猜就是了嘛！

杨延辉（白）：公主不要猜了啊。

铁镜公主（白）：唉，一定要猜。咳，这倒难了！

（西皮慢板）：这不是那不是是何意见？

（杨延辉、铁镜公主同站，杨延辉凝目遥望，失意。）

铁镜公主（白）：驸马，请过来，咱家这一猜呀，准能猜到你的心眼上。

杨延辉（白）：哦，公主请猜。

铁镜公主（白）：听了！

（西皮摇板）：莫不是你思骨肉意马心猿？

杨延辉（白）：哦！

（西皮快板）：贤公主虽女流智谋广远，猜透了杨延辉袖内机关。我本当向前去求她方便！

铁镜公主（白）：猜着了没有？

杨延辉（白）：哦！

（西皮摇板）：还须要紧闭口慢露真言。

（杨延辉、铁镜公主同坐。）

铁镜公主（白）：驸马，咱家猜了半天到底儿是猜着了没有？

杨延辉（白）：心事却被公主猜中！不能与本宫做主也是枉然呐。

铁镜公主（白）：咳，只要你对咱家说明，我给你做主就是了嘛！

杨延辉（白）：公主啊！

在表现第五猜时，孟小冬特意将每一句唱词尾音的语气加重以表现杨延辉内心的挣扎，而梅兰芳同样也在唱像"骨肉"或"做主"的关键词时拔高音调，以体现铁镜公主的聪慧与贤良。

五猜之后，杨延辉认为无需再对公主隐瞒此事。于是，在让公主向天起誓后，杨延辉讲述了自己的身世之谜。当铁镜公主得知与自己朝夕相处十五载的驸马竟是杨家四子之时，顿时五味杂陈。但因铁镜公主与杨延辉夫妻情深，她仍愿不计过去，一心为驸马达成心愿，助其返家探亲。这段夫妻间的对话看似平常，却是一出极为复杂的写"情"之戏。它既要求演员以最自然的方式展现夫妻情，而夫妻情中还应夹杂杨延辉的自责惭愧与公主的担心埋怨，同时，还伴随着骨肉情与亲情。表演者只有在一来一往的唱词中唱出情的多样性，才能感动观众。

台上的梅兰芳身姿曼妙、双目含波，甜美的唱腔由始至终展现着铁镜公主对驸马的一往情深。孟小冬则面目清俊、大方得体，醇厚的唱腔塑造出一个既潇洒又深沉的杨延辉。两人雌雄颠倒，配合浑然天成，台下的观众听得

梅兰芳与冯耿光（左）、齐如山（右）合影

如痴如醉，看得想入非非。当《坐宫》结束时，哄堂喝彩声不绝于耳。此刻，在座诸位无一不将戏里戏外合而为一，无一不把梅、孟二人当作天成佳偶、一对璧人。

这出《坐宫》不仅让当日受邀冯公度堂会的观众们大呼过瘾，翌日更顺理成章成了舆论焦点话题。有幸到场的戏迷大肆渲染演出如何精彩，梅、孟二人如何登对，未能到场的则一边听得津津有味，一边遗憾懊悔。戏迷们的激烈反应再次引起了梅党众人的注意，同时，他们也发现，从《游龙戏凤》到《四郎探母》，梅、孟二人的配合似乎越发的默契与自然，因此，齐如山特意向梅兰芳探了探口风，在得知梅兰芳对孟小冬确有好感后，齐如山立即让冯耿光召集众人进行了一次十分正式的商议会。

会议期间，齐如山反复提及"梅、孟结合"的可能性，他认为梅、孟二人无论从才貌还是成就上看，的确是天生的一对、地设的一双。李释戡则认为，如果从经济角度考虑，梅、孟一旦结合，无需跟孟小冬商谈过多条件，一切事务便能水到渠成。比如让两人以夫妻名义合作出演更多的生旦对儿戏，又或是扩展市场，开拓一个全新的"夫妻剧场"，也未尝不可。这一提议得到了梅党大多数成员的赞同，只有冯耿光不置可否。散会

《少年嬉闹图》——中为梅兰芳，右一为李释戡

后，齐如山待其他人相继离开，只剩冯耿光一人之时，走到冯身旁轻声说道："六爷，成人之美，实乃生平乐事儿，您不否认吧？"冯耿光微笑着点了点头。"六爷若肯做点儿好事儿，何妨把梅、孟凑成一段美满婚姻，不也是人间佳话儿。这样一来，六爷可不就成了梨园界的大功臣。"听闻此话，冯耿光依旧一笑置之，心里却不禁盘算起了此事。

第二日天刚亮，冯耿光便找来齐如山和李释戡，三人很快达成共识，认为须尽快促成此事。

三日之后，齐如山和李释戡出现在东四三条胡同25号的孟宅门前，登门拜会孟父。面对这两位"不速之客"，孟鸿群既觉诧异，又感惊喜，连忙请两人进屋。一入内堂，齐如山便开门见山，道明来意："孟五爷，我俩今日冒昧前来，目的只有一个，就是帮畹华（梅兰芳）向孟小姐说媒。"突然听得此言，孟鸿群十分震惊，一时未能接话。一旁的李释戡又补充道："五爷，您想，若是孟小姐能与畹华结为秦晋之好，这必定是轰动梨园、人人称好的大喜事儿呀。"孟鸿群本就对梅兰芳刮目相看，也从未想过孟小冬立足北京不久，就能得到梅兰芳的青睐，不觉为之心动。但转念一想，梅兰芳已是有两房妻室之人，若是女儿嫁过去，受了委屈又当如何是好。

正当孟鸿群犹豫不决之际，孟小冬和仇月祥走了进来。看到家中来了贵客，孟小冬赶忙上前，一边打招呼，一边续茶水："齐先生、李先生大驾光临，有失远迎，小冬刚和师父在隔壁院练曲儿呢。"齐如山摆摆手，微笑着说道："孟小姐不必客气，今儿我们登门拜访，可是为着一件大事儿而来，不，应说'大喜事儿'才对，是吧，孟五爷？"齐如山说着看向孟鸿群，孟小冬也跟随其目光望向父亲。

孟鸿群定了定神，又清了清嗓子，抬头对孟小冬说道："冬儿，今日齐先生、李先生是受梅兰芳梅老板之请上门提亲来了。"

听到"提亲"二字，孟小冬当即愣在原地。而比孟小冬反应更甚的还有仇月祥，他突然眉头紧锁，留下一句"诸位谈的是孟家的家事，我也不便参与，先行告辞"就匆匆离去。

众人虽对仇月祥此举颇感不解，却也不以为意。李释戡转向孟小冬问道："不知孟小姐意下如何？"还未等孟小冬作答，孟鸿群率先开了口："冬儿能嫁得梅老板，是她的福气。齐先生、李先生德高望重，承蒙您二位前来做媒，我们孟家不胜荣幸。不过，梅老板已有两房夫人，冬儿该如何安排，我们是否还得商量商量？"

此言一出，李释戡立即会意，赶紧说道："五爷大可放心，此行之前，畹华已同我们交代清楚，绝不会让孟小姐受一丁点儿委屈。"齐如山又做了进一步的解释："不知五爷有否听说过，畹华自幼就过继给了梅家大伯梅雨田，也就是说，他是两家的继承人，按古律是可娶两房妻室的'双祧'，这是其一；王氏夫人现病体沉重，一直在天津疗养，她非常希望能有一位德才兼备的女子挑起一房，代她同福氏一起照顾畹华，这是其二。因此，孟小姐到了梅家，必是正室，绝非偏房。"听得齐如山此话，孟鸿群自是连连点头。"若是五爷和孟小姐均无异义，那这事儿……就这样定了？"齐如山说着站起身来，"今日我和释戡总算是完成了件大美差事儿，哎呀，我们这就回去向畹华和冯六爷报喜去。"孟鸿群立即起身相送，并在齐如山身旁耳语道："齐先生，冬儿自幼便托付给仇月祥为徒，仇老既是冬儿师父，也是亲戚，冬儿和他尚存契约关系。若是冬儿要嫁入梅家之门，怎么样也得给仇老一个交代才是啊，您看这……"齐如山拍了拍孟鸿群的肩，轻声说道："这不难，我回去就和六爷商量商量，一定想出一个最妥善的解决方法，五爷就等我好消息吧。"三人一边说着一边走出厅堂，独留孟小冬一人于屋内，立在原地，怔怔出神。突然，耳畔竟莫名响起了《游龙戏凤》中李凤姐的声音，而这李凤姐唱的却是正德帝的词："任你走到东海岸，为军赶你到天涯。"

第三回

梅孟结合　金屋深藏

没过几天，孟鸿群就收到了冯六爷托人送来的"解决办法"。当晚，孟鸿群特意带了一壶好酒和许多下酒熟食回家，一进门就催着张氏去将孟小冬和仇月祥从26号院请到25号院来。仇月祥一进屋，看到满桌的酒菜，就隐隐感觉到这顿饭定不简单。

因病之故，孟鸿群已多年滴酒不沾，在与仇月祥小酌两杯后，便满脸通红。张氏害怕孟鸿群醉酒误事，便利用起身热菜的机会，轻踢了一下孟鸿群，孟鸿群这才意识到自己今晚有重要任务在身。于是，他将手伸进裤袋，摸出一个布包，缓缓递给仇月祥。

仇月祥接过布包："五爷，这是……""这3000块，是冯六爷今日托人送来的。老哥培养冬儿这么多年，我们老孟家上上下下都十分感激。只是眼前冬儿要嫁人了，但你们师徒契约却尚未完结，孟家和梅家都觉得对老哥甚是亏欠，这笔钱就权当补偿吧。"

仇月祥神情凝重，并未答话，孟鸿群又接着说道："冬儿她姨父，还有一事，是关于我家小女银子（孟幼冬）的。老哥也知道，我这病体啊怕是难愈，要我将银子培养成为像冬儿这样的人是绝无可能的，所以，我想把她也托付给你，以后银子就跟着你学戏，望老哥收留。"说罢，孟鸿群已眼泛泪光。

仇月祥接过布包，往桌上一放，长叹一口气道："五爷，我们两家向来交好，这些年我带着小冬走南闯北，更是把她当成亲闺女在对待。如今小冬出嫁，本是孟家家事，也是大喜之事，我自是不好说什么。但我是什么样的人你们都很清楚，如果和小冬断了师徒关系，我待在北京也就再无用武之地了，当然，我也不想靠着孟家……我还是回上海好了。"

听到仇月祥的话，孟小冬面露急色："谁说师父无用武之地了？一日为师，终身为师，我的本事可都是您教的。何况，我嫁的是梅老板，以后准不会亏待师父的。"

听到"梅老板"三个字，仇月祥更为激动："有些话本来不该说，但我也得说了。正因为他是梅老板，梅兰芳，才是大麻烦事。齐如山他们来提亲当天，我就应该反对，但看五爷都没意见，我又能说什么呢？等你嫁过去，恐怕从此就和唱戏无缘咯。你这练功练曲十数年，好不容易才有今天的成就，可只要半年不唱，必定前功尽废。以梅兰芳今时今日在梨园的地位，日后又怎会让你再抛头露面？"

这几句话像是击中了孟小冬，向来对仇月祥言听计从的她竟站起身来，大哭着反驳道："你胡说，你胡说，梅老板才不是这样的人。"说完便夺门而出。仇月祥摇了摇头，但他并未生气也未转头，只是提高音量道："小冬，师父就问你一句，你是想做'孟小冬'，还是想做'梅兰芳的妻子'？你自己想清楚。"

孟小冬突然停下了脚步，像是自言自语地答了句"我……梅兰芳的妻子"，又头也不回地奔了出去。

仇月祥长叹一口气，举起了酒杯，一饮而尽。沉吟半晌，他语重心长地对孟鸿群说道："五爷，银子的事情我答应你。银子这孩子我也是看着长大的，性格我很喜欢，与我也投缘，我会带着她回上海，像培养小冬一样，让她唱老生。至于小冬嫁梅兰芳这事吧，我始终觉得不妥，就怕日后铸成大错啊。"孟鸿群赶忙回敬一杯，并连连表示感谢。见孟鸿群有意回避话题，仇月祥只好把很多心里话都收了回去。许久，两人围坐在桌旁，相顾无言，唯有自顾自地沉思。

10月的一天，天气刚刚转凉，仇月祥就带着孟幼冬向众人一一告别，准备返回上海。在东四三条胡同26号院的门口，孟鸿群紧紧握着仇月祥的手，说着感谢的话。一旁的张氏夫人半蹲着身子，抚摸着孟幼冬的脸颊。只有孟小冬，未让自己置身于人群当中，她刻意站在远处，看着这场道别。突然，孟小冬发现这日的仇月祥看起来和平日有些不同，这使她回想起小时候跟着仇月祥走南闯北的日子，以及两人多年来形影不离的生活，她早已把这位姨父当作了和父亲一样的角色。但不知从何时起，仇月祥的脸上生出了很深的皱纹，头上也生出大把白发，而这些改变，在两人的朝夕相处中，竟完全被孟小冬忽略，丝毫未有察觉。思及此处，孟小冬不禁朝大门方向缓缓走去，走着走着耳边又回荡起仇月祥质疑梅兰芳的那些尖利话语，于是停下了脚步。

张氏夫人看到孟小冬站在远处一动不动，便不断向她招手示意。但孟小冬始终立在原处，随后，她挥了挥手，用只有她自己能听见的音量说了句："师父保重。"仇月祥摇摇头："哎，小冬还在生我的气吧？"孟鸿群也摇了摇头："小女孩不懂事，冬儿姨父，冬儿的性格你最是了解，望请见谅啊。"仇月祥苦笑着回道："没事，小冬日后会明白的。"

孟小冬定定地望着仇月祥离去的背影，而站在他身旁的妹妹幼冬也应像极了当年的自己。目送着这对新的师徒踏上一段新的旅程，想着这一别也许是几年，也许是十数年，任谁也说不准，一时之间，不舍之情和愧疚之意全部涌上了孟小冬的心头，久久难以平静……

在众人不遗余力的撮合下，孟小冬与梅兰芳的婚事很快就安排妥当，只差孟小冬与梅兰芳原配夫人王明华的会面。这次会面是由孟小冬主动提出的，既合乎礼仪，也甚合梅兰芳心意。

10月中旬的一天，孟小冬、梅兰芳在齐如山与李释戡的陪伴下，加上司机老崔，一行五人从北京至天津井上医院探望王氏。王氏在此处养病已有一年之久，但始终不见好转。其间，梅兰芳与梅党众人因事务繁忙，只在半年前来过一次，唯独司机老崔，因时常往返京津两地代梅兰芳为王氏送去一些珍稀补品，所以对井上医院十分熟悉。

　　老崔提着水果与补品走在前面，其余四人紧随其后。到达二楼的病房门口，老崔退后一步，抬手示意梅、孟二人先进。梅兰芳急步走向病床，孟小冬亦快步跟在其身后，神情有些紧张。此时，王氏正靠在病床上闭目养神，听见脚步声，便缓缓睁开了双眼。梅兰芳一边叫着"明华"，一边上前握住王氏的双手。两人寒暄之际，王氏注意到站在梅兰芳身后的孟小冬，笑着说道："这位是孟姑娘吧，生得可真好看，清秀动人，怪不得畹华喜欢，我看着都喜欢得不得了。"孟小冬见梅兰芳还未介绍，王氏就先开口夸赞，不禁一怔，连忙上前行礼。原本不知如何称呼最为恰当，但见王氏亲切如斯，孟小冬便直接说道："姐姐好，我是小冬。"王氏听后十分开心，连连点头："好，好，好，真是百闻不如一见呐。"孟小冬微笑着摆摆手："姐姐见笑了。我倒是常听梅老板提起姐姐。梅老板老说，若是没有姐姐持家有方，又为他梳得一头秀发，他哪能无后顾之忧地变成今日这位万众瞩目的梅兰芳呀。"说完孟小冬转头看了一眼梅兰芳，发现梅兰芳也正笑脸盈盈地看着她。见王、孟二人一见如故，不止梅兰芳，齐、李二人亦宽了心。王氏接着说道："小冬，你可知道你在天津这边也是红得紧，完全不输北京。井上医院这儿就有很多医生护士是你的戏迷，我可没少听他们提起你这位须生之皇。"王氏话音刚落，一个高个儿医生带着护士走进了病房，王氏先哈哈大笑两声，随后立即向医生招了招手，又转头对孟小冬说道："小冬，这位李医生就是你在井上的头号戏迷。"听王氏说出"小冬"两字，李医生瞪大了双眼，愣在原地，他可万万没想到，昔日冷清的202病房，今日竟有贵客光临。"孟……孟小冬先生……啊……还有梅……梅兰芳先生……"

　　趁护士喂王氏吃生梨之际，李医生特意请梅兰芳等人到病房门口告知王氏病情。李医生神情严肃，一边握着梅兰芳的手，一边轻声说道："梅先生,梅大夫人现今已是肺病第三期,加上体质虚弱,恐怕时日无多。我知道梅先生事务繁忙,但若是能多来看望梅大夫人,陪她走完这最后一程,想必会让梅大夫人感到由衷的安心吧。"

李医生这番话顿使梅兰芳陷入沉思,神情凝重。孟小冬亦甚觉难过,未想到今日才见王氏第一面,就听到如此噩耗。"小冬,你先去陪一下明华,我和李医生再多说几句。"梅兰芳一边拍着孟小冬的肩,一边温柔示意,孟小冬点点头,慢步回到病床边。

虽然孟小冬已极力掩饰情绪,但细心的王氏依然看出了她脸上的端倪。她拉住孟小冬的手,面带微笑地说道:"妹妹,别担心,我自己的身子我很清楚,怕是撑不了太久了。我唯一放心不下的就是畹华,我走了,谁来照顾他?但今日和妹妹一见,算是了了这份担心,畹华以后就交由你照顾了,好吗?"孟小冬不禁一怔。今日一行人前来看望王氏,本是带着征得这位梅家原配的同意,让婚事顺利进行的私心,但震惊于王氏的大方与无私,孟小冬既十分感激,又感到万分惋惜,一时半会儿,竟不知如何回应,只好紧拉着王氏的手,任由眼泪顺着脸颊落下。王氏轻轻松开孟小冬的手,为她擦拭泪水后,取下了自己手上的戒指,戴到孟小冬左手无名指上,孟小冬还未来得及反应,就听王氏语重心长地说道:"妹妹,姐姐恐怕是无法参加你和畹华的婚礼了,这份礼物今儿就先送与你,代表姐姐对你们往后的祝福。还有,妹妹也得改口了,别再叫畹华'梅老板'啦,怪生疏的,哈哈哈……"孟小冬泪如泉涌,她一把抱住王氏单薄的身体,心里纵使有千万句感激的话语,最后全化为连声的"好姐姐"了。

梅兰芳之发妻王明华

返京途中,齐如山拿出皇历,和坐在后排的李释戡商议着梅、孟大婚的吉日;梅兰芳紧闭双目,一言不发;孟小冬望着窗外,眼里噙着泪水。窗外的景象模糊不清，但孟小冬脑海中的王氏形象却异常清晰，她强烈地预感到，她和王氏的见面机会不会太多了。

1927年正月二十四日，在东城东四牌楼九条35号冯耿光的公馆里，梅兰芳与孟小冬举办了一场极为简单的婚礼。婚礼免去了一切繁文缛节，由冯耿光担任证婚人，到场宾客也全是梅党成员与至亲好友。孟小冬身穿枣红色的缎面旗袍，头戴一顶貂皮帽，与平日里素颜的清秀动人完全不同，今日的她唇红齿白，娇艳欲滴，晶莹剔透，俏丽尽显。梅兰芳亦穿戴整齐，头戴银灰礼帽，身着灰呢大衣，俊朗

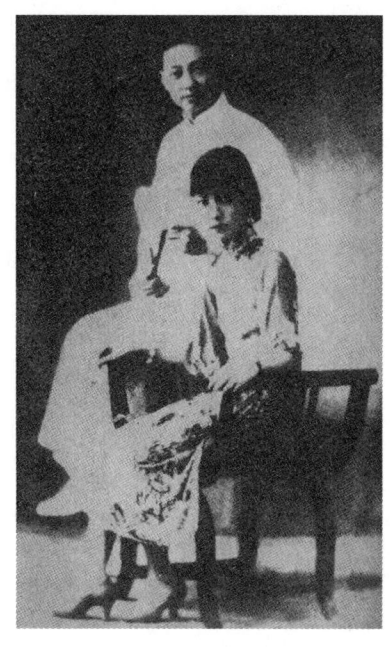

孟小冬与梅兰芳在新婚时期的合影

不凡，神采奕奕。十九岁的孟小冬与三十二岁的梅兰芳站在一起，才子佳人，让众人大饱眼福。

现场宾客举杯同祝"王皇同心，两心相映"，气氛十分欢愉。其间，张汉举喝得酩酊大醉，提议梅、孟二人在新婚之夜再合唱一曲《游龙戏凤》，却被齐如山阻拦了。婚礼结束后，两位新人被众人簇拥着回到房间，烛台之光映照在两人脸上，两人各自在对方眼中都看到了满目的深情。这良辰美景，让两位烛光中的人，于这一刻不禁为对方许下山盟海誓。

婚后，梅、孟二人暂住于冯公馆后院内，每日的生活不是邀朋唤友，就是饮酒饮茶，轻松惬意，羡煞旁人。可随着时间的推移，梅兰芳外出演出与应酬的次数越来越多，孟小冬却只能独守空房，终日无所事事。为此，她找梅兰芳谈了好几次，均被梅以王氏尚未离世，作为"替补"的孟小冬还不方便以梅家大奶奶的身份出现在大众视野为由，委屈她再多待一阵。因此，孟小冬不得不暂时接受并适应这被"深藏金屋"的生活。

由于孟小冬长期未登台演出，大街小巷开始盛传梅、孟大婚及孟小冬被"深藏"的消息，一些孟迷和戏院老板也隔三岔五地跑到冯公馆一探究竟。为安全计，梅党众人商议将梅、孟住所迁至他地，而新址选在内务部街的一条小巷内，实则仍在东城，是冯耿光名下的另一处宅邸，所谓最危险的地方也是最安全的地方，任凭最精明的小报记者也无从打探。

新宅高墙耸立，梅兰芳外出的时候，就只剩孟小冬、做饭的老妈子和管家刘大叔三人。有时，冯耿光的小姨子会登门陪孟小冬聊天解闷，梅兰芳则购置了一台手摇留声唱机，配上余叔岩新灌制的全套唱片，让孟小冬可在家中听曲以打发时间。

在这高墙之内，已成笼中鸟的孟小冬会时不时想起蒙师仇月祥在临走前所说之话："等你当上梅家太太，就更不需抛头露面了，任你有翅也难展。"这让孟小冬十分苦恼，但转念想到梅兰芳的种种解释，又觉不无道

梅兰芳与余叔岩合照

理。经过反复思考，孟小冬认为既然目前暂不能登台演出，那么深造学艺便是唯一可做之事，但光听唱片显然不行，若能请到余叔岩登门教授，自己唱戏的本事则可进而不退。

在孟小冬的再三恳求下，梅兰芳终于答应带她去向余叔岩拜师。梅兰芳与余叔岩素来交好，便借着馈赠喜糖之机，特意带孟小冬登门拜访余叔岩。一进门，孟小冬就跟着梅兰芳叫余叔岩"余三哥"，而余叔岩回称孟小冬为"弟妹"，让孟小冬喜不自

孟小冬、鲍吉祥之《草船借箭》扮相

禁。梅兰芳开门见山："三哥，我这次受小冬所托，延聘一位教师上门为她教戏，她尤其景仰三哥您，想拜您为师。"余叔岩一听，甚觉慌张：第一，他向来不齿于上门为人说戏；第二，他自身体弱多病，常需卧床，一来二去着实不便，而孟小冬又不便出入余府，可谓进退两难。不过，碍于梅兰芳的面子，余叔岩没有直接拒绝，而是急中生智想到了一个两全其美之法，向梅、孟二人举荐了另一位名师——鲍吉祥。

自此，孟小冬的生活有了新的变化。每日上午，鲍吉祥登门说戏，由身段到打把子，十分详尽地为孟小冬解说余派戏；下午则是孟小冬的个人时光，她不仅反复聆听余叔岩的唱段，还会结合当日所学之戏，哼哼唱唱，比比画画。有时，孟小冬也会听听其他名伶的唱片，手中捧本小戏考，写写画画。这个阶段，孟小冬虽仍旧深居简出，过着与外界完全隔离的生活，但也终于有了安定下来的感觉。而梅兰芳除忙着在各地演出外，下午得空之时也会到新宅停留一阵子，和孟小冬聊会儿天，休息片刻后，再吊吊嗓子，就又赶回戏院演出，散戏后直接回无量大人胡同福夫人处过夜。

孟小冬学骑自行车留影　　　　　　　　鹅影照

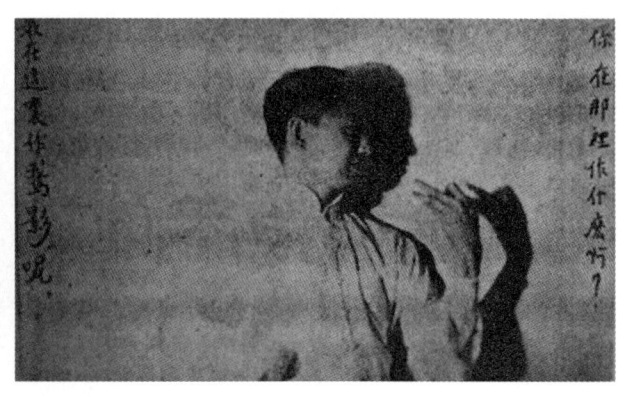

　　初时，孟小冬还有些不适应与梅兰芳聚少离多的生活，但随着深造学习的不断推进，孟小冬的生活重归充实，久而久之，她也就习惯了独居。为表歉意，梅兰芳会定期找来摄影师，为足不出户的孟小冬拍摄一些生活照，有些是孟小冬在巷子里学骑车的照片，有些则记录了孟、梅二人的生活片段，像记录两人学作鹅影变戏法的游戏照片。梅兰芳和孟小冬还各自在照片上亲笔题字，一问一答："你在那里作什么啊？""我在这里作鹅影呢。"如此甜蜜至极的景象，就连摄影师也感叹："平时稳重儒雅的梅先生，这般活泼的样子倒真是难得一见。"

　　后来，梅、孟二人会时不时找些新的乐趣，比如梅兰芳亲自采购了笔墨纸砚与绘画用具，送往新居，手把手地教孟小冬书法与绘画。而当梅兰芳外出时，孟小冬亦会临摹颜真卿、米芾或赵孟頫的字帖。同时，梅兰芳还请来一位国学老师，偶尔登门为孟小冬补习文化，因此，孟小冬闲暇时增加了阅读各种白话小说的兴趣，每当遇到好玩的故事，孟小冬会先积攒着，待梅兰芳回来时一并分享给他。甜蜜温馨的夫妻生活慢慢淡化了孟小冬身上的英气，而她也沉浸在温柔妻子的角色中，就算平日里不施粉黛，穿着朴素，但她的身材依然窈窕，眼里充满光彩。如果按照这样的轨迹一直发展下去，梅、孟的幸福时光或许可以延续下去。

突发命案　爱侣情变

自迁入新居后,孟小冬的生活俨然成了外界的一个谜团,小报记者们连捕风捉影的机会都没有,于是只能不时杜撰一些夸大其词的新闻以博人眼球。因孟小冬久别舞台,民众对她的私生活就更为关注,各种小道消息与八卦新闻扑面而来,让人难辨真伪,这可急坏了孟小冬的戏迷们,尤其是正在北京某大学法律系读书的青年李志刚。

李志刚因爱戏极深,酷爱捧角。早前他捧过城南游艺园的头牌旦角琴雪芳,后因琴雪芳名花有主,合同又期满,离京而去,于是李志刚将目标转向了相貌与才艺均更胜一筹的孟小冬。李志刚虽只是一介普通书生,但胜在模样不错,衣冠楚楚,文质彬彬,因此也不招人讨厌。成为孟迷后,李志刚时常溜进后台,与孟小冬打招呼,或送花送水果,孟小冬对此人有些许印象,但因热情戏迷数不胜数,也从未太过留意。她哪里知道,此时的李志刚已不只是专门捧她,而是深深地迷恋她了。

起初,李志刚并不相信孟小冬已嫁作人妇,但在消息满天飞之时,他三天两头上孟宅拜访,却总不见孟小冬踪影,才越发觉得传闻或许属实。于是,他想到梅兰芳,便一连几天跟踪梅兰芳,发现其行迹虽无异样,但每天均是三点一线,在剧院——梅宅——冯公馆之间往来穿梭。经分析,李志刚认定孟小冬应是被梅兰芳藏在了冯公馆之中。一想到自己捧的角儿因梅兰芳之故不翼而飞,李志刚就火冒三丈,他思前想后,最终决定直接去冯公馆找梅兰芳讨个说法。

1927年9月14日夜晚8时许，李志刚跟踪梅兰芳的私家车来到东四牌楼九条35号冯公馆附近，待梅兰芳进入公馆后，李志刚便躲在附近伺机而动。临近9时，一辆白色小轿车停在了冯公馆门口，从车里走下一位身穿丝绸大褂、满面富态的长者，此人乃张汉举，他在老仆人的迎接下进入冯公馆。李志刚没想到这晚冯公馆恰巧举办宴会，他自知此行难以成功，但又不想半途而废，竟突然生出另一想法：既然今晚在场之人多为城中名士，刚好最近手头吃紧，就算讨不到说法，至少先"借"点钱财，权当是让梅兰芳对孟小冬"不翼而飞"之事做出补偿。

考虑到对方人多势众，本想硬闯冯公馆的李志刚改变了策略。他先借故与在公馆门口迎宾的老仆攀谈了几句，并称自己是黎明中学的教书先生，与冯耿光、梅兰芳早前有过一面之缘，现家中突遭大难，遍寻帮助无果，只好冒昧前来向两位老板求援。老仆见这个二十岁出头的年轻人眉清目秀，斯文礼貌，说话真诚，不像骗徒，便答应帮忙通报。在接待画梅名家汪蔼士进入院内大厅后，老仆顺便向冯耿光报告了此事。其时冯耿光正主持为黄秋岳祝寿之筵席，没时间理会此等小事，便不耐烦地让老仆随意打发几个钱让青年走人。

老仆急急匆匆回到前门，见李志刚仍立在原处，就从兜里摸出几块钱递给李志刚。李志刚并未伸手，反而向老仆鞠了一躬，一面表示感谢，一面语气诚恳地说道："麻烦您再帮我通传一下，此事关系重大，我必须见到冯、梅二位老板才行。"见青年如此执着，老仆不忍拒绝，于是折返大厅，却看见冯耿光正与寿星黄秋岳深聊，自然不敢打扰，正欲离开之际，发现梅兰芳正一人独饮，于是，老仆直接将此事告知梅兰芳并向他简单描述了青年的相貌。梅兰芳思考片刻，淡淡回了句："我不认识此人，给些钱让他走吧。"老仆有些着急："我已经给他拿了钱，但他死活不收，还说事关重大，人命攸关，非要见到梅老板您才行。"梅兰芳还没答话，从远处走来的张汉举帮腔道："老林，我们梅老板是什么人都能见的？你会不会办事儿？一会儿让冯六爷知道了，一准儿赶你出门儿。"老仆吓得脸色发青，手足无措。张汉举看得好笑，摆了摆手继续说道："罢了，罢了……我张某人自告奋勇，去帮梅老板……不对……去帮你老林……瞧瞧什么情况。"听到此话，梅兰芳也乐出了声。

在老仆的陪同下，张汉举来到了冯公馆门口，一见李志刚，便问道："阁下贵姓？""姓李。""老林说李先生找梅老板有急事儿，我是他的朋友张汉举，你就直接跟我说吧。"李志刚不紧不慢地回道："张先生，此事十分复杂，必须见到梅老板本人才可细说。""你先跟我说说，我倒要看看是什么人命关天的大事儿非得今晚解决不可？"张汉举边说边摸出几十元钱。"三日前，家父去世，我却无钱为其下葬，念家父早前与梅老板和冯老板有些交情，实在想不出其他方法，于是冒昧登门，恳请两位老板慷慨解囊。""若是如此，也好解决，你要多少？"见钱来得如此容易，李志刚连声说道："不不，这件事必须要见到梅老板才行。"张汉举开始有些不耐烦了："你不就是请两位老板给点钱儿为你家父入殓嘛，钱儿给你，你又不要，嫌少，那要多少才能满足你？"李志刚淡淡答道："5万元现钞，您现在能给吗？""5万？你还真是狮子开大口。这里几十元不也够够的了，快拿去，否则让老人家停尸在床实为大大的不孝啊。"李志刚见久说无效，有点急了眼："我决定什么时候下葬我祖父，与你又有何干？"听出端倪的张汉举立即反问："祖父？你不说是家父吗？你究竟是谁？来干什么的？"李志刚见说多错多，也就不再狡辩，反而大吼起来："我就是来找梅兰芳算账的，想问问他，究竟把孟小冬藏在哪儿了？"说到此处，李志刚突然掏出一支白朗宁手枪，对准了张汉举。张汉举大惊，立即向老仆使了个眼色，老仆慌忙跑向大厅。

筵席正盛，老仆跑到冯耿光身旁耳语了几句，只见冯耿光脸色大变，向梅兰芳做了个手势，梅兰芳跟在冯耿光和老仆身后快步走出大厅。宾客们喝得正酣，谁也没留意到紧张离席的冯、梅二人。

大厅门外，冯耿光一面命老仆火速报警，一面让梅兰芳从后门溜走，随后又召集了一些仆役和几名梅党中坚分子，一群人匆匆走向公馆大门处。

未想到事情发展至此，李志刚只能孤注一掷与众人对峙。他用枪抵住张汉举的后心，旁人不敢轻举妄动，好说歹说，但李志刚却铁了心要见梅兰芳，不仅如此，他还要求梅兰芳带着5万元现钞来才能换走张汉举一条命。正当两边僵持不下之际，警察、保安队、巡防队等大队人马疾驰而来，整个九条胡同瞬间布满了军警。一时之间，空气似乎凝固了一般，静到只可听见张汉举和李志刚的喘息声。

行人寥寥，夜风萧萧，突然，几声枪响打破了深夜街道的宁静与厅内筵席的热闹。冯公馆门口，张汉举倒在了血泊之中。原来李志刚见无路可逃，急得发抖，结果失手扣动了扳机，对着张汉举砰砰砰开了三枪。后李志刚因拒捕，不但击伤了两名军警，还欲挟持冯耿光，最终被军警的乱枪击中。

第二日，联合处奉大元帅张作霖命令，将李志刚的尸体抬至东四九条西口斩首示众，并张贴布告："为布告事，本月十四日夜十二时，据报东四牌楼九条胡同住户冯耿光家，有盗匪闯入绑人勒赎情事，当即调派军警前往围捕，乃该匪先将被绑人张汉举用枪击伤，对于军警开枪拒捕，又击伤侦缉探兵一名。因将该匪当场格杀枭首示众。由其身边搜出信件，始悉该犯名李志刚，合亟布告军民人等，一体周知。此布。中华民国十六年九月十五日。司令王琦旅长孙旭昌总监陈兴业。"

尸体连同告示一起示众三日，命案亦成为城中热话，轰动一时。大街小巷都在谈论张汉举成了梅兰芳的替罪羔羊，无辜枉死于冯公馆之事。而梅兰芳虽毫发无伤，但无量大人胡同却不得不每天接受各界人士的"拜访"，其中，张汉举的太太每日携儿带女到梅宅号哭，直到梅兰芳答应送与一处住宅外加2万赙金才了结此事。同时，"孟小冬乃李志刚未婚妻"的谣言也不胫而走，一传十，十传百，竟传得煞有介事。还有更离奇的传言曰："李志刚斩首示众的那天，人群中出现过一位戴黑纱的神秘女子，此人便是孟小冬。可怜堂堂名伶只能以此方式悼念情人，呜呼哀哉。"谣言越传越离谱，至于真实情况如何也无人问津。孟小冬深受其扰，苦不堪言。

因害怕惹梅兰芳的第二任妻子福芝芳不高兴，血案发生后，梅宅上下三缄其口，不敢多谈。倒是福芝芳表现得很是淡然，不仅未显出丝毫责怪之意，更常常宽慰惊魂未定的梅兰芳。事实上，自从梅兰芳"金屋藏孟"以来，福芝芳就算心里极不舒服，也从未干涉，夫妻相处仍如往常，这让梅兰芳心存感激。而冯宅血案似乎终于给了福芝芳一个名正言顺的机会——是时候和梅兰芳谈谈他和孟小冬这段已维持大半年之久的关系了。

一日，福芝芳拿着一张报纸来找梅兰芳，旁敲侧击地说道："畹华，你瞧，这家钢甲公司可真会拿你做文章。"梅兰芳接过报纸，看到其中一则广告栏中印着两行清晰的大字："梅郎虽无恙，张三枉死矣。"下面还附有几行小字作为解释："若张三用本公司钢甲以自卫，纵身赴险境，亦毫无畏惧。奉劝诸君，欲购从速，枪林弹雨，保命要紧。"福芝芳在一旁咯咯娇笑，梅兰芳却一点也笑不出来。对他来说，名声可是头等大事，眼见自己被各路人士随意调侃与侮辱，再一想到满天飞的各种绯闻和流言，梅兰芳就感到胸口发闷。为缓解自身压力，避免多生事端，一方面，他不愿再回金屋；另一方面，他在9月28日的天津《北洋画报》上辟谣，公开"澄清"了一些流言蜚语，言辞之间，似乎也在极力撇清他和孟小冬的关系。

在事情逐渐淡化后，梅党众人又为梅兰芳的事业再上一层楼想出了一个访美大计，由齐如山负责总调度。不过，与之前梅兰芳两次访日演出不同，此次访美演出是一项难度极大的任务，如何让西方人理解并接受东方文化本身就是一个巨大的挑战，这需要足够的资金、完美的策划以及大量有效的宣传活动配合。于是，梅兰芳很快将全身心都投入到了准备工作之中，久而久之，似乎忘记了那些流言蜚语、那桩命案，以及一直留在高墙之内日夜等候的孟小冬。

梅兰芳与福芝芳合照

如果说在血案发生过后的一段日子里,梅兰芳避而不见,甚至在天津发布辟谣信息,孟小冬都能理解自我宽慰,认为这是梅兰芳出于理性考量而对双方所做出的保护行为,但眼看事情已过三月有余,梅兰芳却只露过两面,且每次都是来去匆匆,孟小冬这才如梦初醒,觉得必须找机会向梅兰芳问个清楚。

1927年底的一日,孟小冬冷清的金屋终于迎来了一位客人,这人却不是她等待已久的梅兰芳,而是梅兰芳的第二任妻子——福芝芳。这是福、孟二人第一次会面。福芝芳倒是十分客气,还为孟小冬带来一些生活用品与茶点。两人寒暄几句后,便坐下喝茶闲聊,言谈之间,福芝芳告诉孟小冬,梅兰芳这一年因筹备访美之事,无暇抽身,因此委托她代为看望云云。可一向心思敏感细腻的孟小冬又怎会不知,福芝芳虽然表面上谦和有礼,实则话中有话,借机示威劝退。而在整段看似家常的对话中,福芝芳至少向孟小冬表明了三个态度:第一,梅家大小事务是我在主持;第二,你和梅兰芳的关系并没有得到梅家的承认，因此这段关系只是暂时的，别抱太多幻想；第三，对梅兰芳来说，最重要的一定是事业，不会是我，更不会是你。福芝芳的表达虽然强势，但并非没有道理，可只要不是梅兰芳亲口对孟小冬道出这番话，她就依然不愿相信这是事实。

在内务部街度过了一个极为冷清的春节后，孟小冬终于说服自己相信福芝芳传达的信息就是梅兰芳的真实想法，尤其在看到《北洋画报》上刊登的那则"梅兰芳挈妻福芝芳同游天津"的新闻后，更让孟小冬倍感委屈。1928年6月，国民政府正式将北京更名为"北平"，而孟小冬依旧被困在金屋当中，独守空房。在经历了无数个辗转难眠的夜晚后，孟小冬决定先回娘家待一阵子。自孟小冬嫁给梅兰芳后，向来循规蹈矩，几乎把自己隔绝在这高墙之内，已经许久未和家人见面了。

见孟小冬突然回家，孟鸿群和张氏甚是欢喜，忙前忙后地张罗饭食，还不忘问长问短。孟小冬向来报喜不报忧，谎称梅兰芳一直忙于外地的演出，因此连过年期间也无法跟着她一同返家问候岳父岳母。同时，孟小冬也表明会在娘家待一段时间以陪伴父母，直到梅兰芳演出归来。

不料，在回家的第三日，事情就穿了帮。这天，王明华的弟弟王毓楼登门拜访，一进门便向孟鸿群抱怨，说他姐姐王明华年初在天津情况危急，但姐夫梅兰芳早前去天津演出时，只带着福二到处游逛，竟连医院都没去一下。他知道福二脾气较大，一向和王明华不和，但王明华这些年都是能忍则忍，以和为贵。可没想到自从王明华前年在天津养病开始，梅兰芳就只去看过她两次，实为姐姐打抱不平。说出这番气话的王毓楼显然不知孟小冬已回娘家，而孟鸿群与张氏也一下明白了女儿此次回家的真正原因。

傍晚，送走王毓楼后，一家三口围坐在一起，孟鸿群率先开口道："冬儿，你这次回来就一直说他忙，我们也没想太多。谁知结果是这样的，这个女婿可真不像话！"孟小冬并未答话，一阵沉默后，张氏也愤愤不平道："难道就他梅兰芳可以带着福芝芳去天津？我家冬儿不也是天津红人？"张氏话音刚落，孟鸿群突然眼睛一亮，恍然大悟般地拍了拍自己的大腿，道："对呀，梅兰芳能去唱戏，冬儿不也能去唱？""可是……"本还有些犹豫的孟小冬，脑海里突然闪现出梅、福二人同游天津的画面，心里不是滋味，于是，她收回了想说的话，只微微点了点头。孟鸿群继续若有所思地说道："不过，你这大半年，就跟着鲍吉祥学余派戏去了，自己的功夫应是荒废了不少。所谓'拳不离手，曲不离口'，你这要是立马登台，恐防会有闪失。这阵子你就先住家里，爹爹帮你排练，短时间就能捡回来。""放心吧，爹，我一定每日操曲练功，尽快恢复技艺。""不怕不怕，你好好排练就行，爹一边监督你，一边帮你联系天津那边的场地。要不就和雪艳琴搭班演出？你和她感情好，也好说话，明早我就陪你上她那去一趟。"孟小冬连连点头，孟鸿群继续温柔说道："冬儿，快去休息吧，明天起就要开始辛苦了。"孟鸿群转过背，叹了口气，自言自语道："哎，要是仇老还在就好了……"声音虽轻，但孟小冬却听得清清楚楚。

一听说"消失"已久的孟小冬决定复出登台，天津各大剧院便使尽浑身解数争相邀请，最终由春和戏院拔得头筹。孟小冬三年前曾在天津大获成功，实力毋庸置疑，加上长时间的"消失"和漫天的梅、孟传闻，更为孟小冬披上一层神秘面纱。于是，孟小冬人还未到，天津《商报》副刊"游艺场"主办者沙大风就特辟《孟话》专栏，大力造势宣传，未演先热。

人称"胖先生"的沙大风文笔犀利，捧角水平一流，比如"四大名旦"的称谓便是他于天津《大风报》（1921年）的创刊号上首次提出的，但凡沙大风愿捧之角，皆能大红大紫。在数篇有关孟小冬演艺生活的文章中，沙大风别出心裁地多次用到"冬皇帝""吾皇万岁"等词语，对不到二十岁的孟小冬大捧特捧，而坊间传诵一时的打油诗"沙君孟话是佳篇，游艺场中景物鲜，万岁吾皇真善祷，大风吹起小冬天"更让"冬皇"这个称呼迅速在天津流传开来。待到演出当日，孟小冬和雪艳琴以合演《四郎探母》开启了天津之行。而之后的几晚，两人并挂头牌，互演大轴，场场爆满，座无虚席。

在津演出期间，孟小冬还以男装打扮出入各种中外名士的交际场合，当被各界人士问到她与梅兰芳之关系时，孟小冬始终保持微笑而不予回应，其礼貌大方的态度，让好事者亦不好意思继续追问。总之，孟小冬这趟为期十余天的天津演出不虚此行，不仅受到各界赞美，更使其得到了"冬皇"这个响亮的称号。

返回北平后，孟小冬仍未回金屋，直接留在了孟宅。最初得知孟小冬擅离金屋，重回舞台，又长待娘家，梅兰芳自然颇为气愤，后来转念一想，这大半年来，自己确实对孟小冬多番疏远，备受冷落的孟小冬采取一些还击行为似乎也无可厚非。梅兰芳左思右想，于是决定放下面子，亲临孟宅，与孟小冬修好。

眼见梅兰芳亲自登门，孟小冬的心一下就软了，原本就只想气气这位伶界大王夫君，既然目的已达到，孟小冬也就没做过多刁难，便立即收拾行装，准备重返金屋。反倒是孟五爷，似乎仍为女儿感到不平，特意在等候孟小冬收拾之际，"教训"了梅兰芳一顿，夹枪带棒，句句带刺。梅兰芳全程未还一句嘴，一边听着，一边赔笑。数月以来，孟小冬与梅兰芳的这场针锋相对终以梅兰芳的妥协收场。

接下来的金屋生活，就像是回到了梅、孟最初的新婚期，梅兰芳亲临金屋的次数也越来越多。

9月下旬，一个噩耗突然传来：王氏在天津病危。梅兰芳和孟小冬前后脚赶至井上医院，和他们一同抵达医院的，还有王氏早前在北平为自己预定好的棺木。

王明华故后，梅兰芳悲痛万分，往事涌上心头，历历在目。这位精明能干、富有见识的发妻，在生活和事业上对梅兰芳都有诸多帮助，两人感情亦一直很好。若不是一双儿女在那场麻疹病中夭折，梅兰芳应该也不会考虑续娶。而在王明华病重的这一两年，又因孟小冬的出现，梅兰芳在福、孟二人之间焦头烂额，竟完全忽视了这位陪伴他最久、对他始终如一的梅家大太

民国十八年（1929年）二月十日，《图画周刊》刊登了一则关于梅、孟出游的新闻。此时，所有报刊对孟小冬的称呼都已改为"梅孟小冬夫人"

太。十几年夫妻情，却在天津匆匆诀别，一时之间，梅兰芳五味杂陈，只能含泪亲书挽联：三年病榻叹支离，药灶茶炉，怜我当时心早碎；一旦津门悲永诀，凄风苦雨，哭卿几度泪全枯。

在梅兰芳因丧妻而郁郁寡欢之时，孟小冬时刻陪在其身边，两人关系日渐升温。其间，梅兰芳还趁演出之际，瞒着福芝芳带孟小冬赴粤港游玩，历时三个月，这让孟小冬感受到了久违的快乐。之后，各大报刊争相报道梅、孟此行，也让孟小冬的"梅夫人"身份坐实。从此，孟小冬不需再金屋深藏，金屋亦不再神秘。梅兰芳和梅党众人时常出入金屋，金屋也慢慢变成了他们的另一聚会地点，由冷清转为热闹。

风波不断　王皇决裂

越临近访美之行，准备工作就越发紧张。1929年夏，因与梅兰芳发生了一次激烈争吵，孟小冬一气之下，再次跑回了娘家。数日之后，待孟小冬气消之时，迎来的却不是亲自登门的梅兰芳，而是天津《北洋画报》上刊登的一则"福孟二人同游"的消息，还配有数张照片。

访美前在北平梅宅，梅兰芳、福芝芳与美国总统威逊夫人合影

照片上，穿着海水浴背心的梅兰芳和福芝芳在海边尽情地享受阳光。一幅幅照片仿佛一根根银针，刺痛着孟小冬的心。从此，她不再将自己深锁金屋，而是遵从自己的内心与意愿，往返于孟宅与金屋之间。

梅兰芳的访美演出终于成行了。因筹备耗时长达数年之久，加上赴美之行开销甚大，须精兵简政，因此梅兰芳打消了携眷计划，这既可节约开支，还能避免孟、福二女冲突。12月下旬，赴美演出团开启了行程，离开北平乘火车先至上海，再由上海乘船赴美。孟、福二人分开送行，孟小冬在金屋门前与梅兰芳留影送别。福芝芳则随同梅兰芳离开北平，将其送至上海，看着梅兰芳一行二十余人登上"加拿大皇后"号轮船后，才独自返回北平。

孟小冬为梅兰芳送行留影　　　　　　　福芝芳为梅兰芳送行合影

图为1930年2月17日在纽约百老汇四十九街大戏院正式公开首演的海报，主要曲目为《天女散花》，这是历史上中国京剧在百老汇首次上演，而纽约的成功也为随后的全美巡演奠定了基础

《纽约先驱论坛报》登载的梅兰芳剧照和京剧艺术介绍

108 《氍毹上的尘梦：孟小冬全传》

梅兰芳访美团从上海启程，途经日本、加拿大，次年2月8日抵达美国纽约。梅兰芳在美4个月演出72场，场场爆满，不仅在商业与艺术上均获得巨大成功，梅兰芳还被南加利福尼亚大学和洛杉矶波摩纳学院授予"文学博士"学位，事业上更上一层楼，令人刮目相看。

梅兰芳在旧金山的"上海楼"餐厅与当地华人票友合影

梅兰芳到达洛杉矶市受到热情欢迎，左为美国华裔电影演员杨爱立（Olive Young）

梅兰芳访美演出期间与卓别林（左二）等人在好莱坞合影

梅兰芳在波摩纳学院（Pomona College）被授予博士学位留影

归国之后，梅兰芳一路上获得了各界人士的热烈欢迎，然而，载誉归来的同时，梅兰芳亦收到一个好消息与一个噩耗：好消息是福芝芳已身怀六甲（七女梅葆玥）；噩耗是梅兰芳的祧母（大伯梅雨田的夫人）于8月4日在北京逝世。梅兰芳不得不让齐如山暂代主持其在天津的答谢会，自己则连夜从天津赶回北平。

梅兰芳与梅伯母关系甚好，伯母对他关怀备至，他对伯母也犹如生母般奉养。在无量大人胡同梅宅隆重治丧三日三夜，吊丧者络绎不绝，梅兰芳的好友至亲、梅剧团全体人员悉数到场，众人形容甚是哀伤。孟小冬得知噩耗，立即剪了短发，准备前往梅宅吊唁，但临出门前，又犹豫着退了回来。她思来想去，既觉登堂入室不妥，又觉不去于理不合，而且梅兰芳也没发出任何指示，实在不知如何是好。

在丧事第三日，下午3时，孟小冬穿着深色长衣，头插白花，终于出现在了梅宅门口。这是孟小冬嫁入梅家三年以来，第一次来到梅宅。犹豫片刻后，孟小冬深吸一口气，整理了下衣衫，跨入大门。未想刚行几步，就被三个下人拦住，三人齐声道："请孟大小姐留步。""我是梅兰芳之妻，前来为婆婆吊丧，何以阻拦？""这是夫人吩咐的，孟大小姐还是请回吧。"下人一边客气请求，一边做出手势示意孟小冬离开。孟小冬立在原地，一步也没挪动，双方就这样僵持着，直到梅宅门口迎来了新的客人。

杨宝忠、王少楼一行人前来吊丧，见孟小冬站在门口，连忙上前询问发生何事。了解情况后，杨宝忠让孟小冬先屈就等待，由他去请梅兰芳出来。不多时，梅兰芳和齐如山在杨宝忠的带领下匆匆走了出来。一看到孟小冬，梅兰芳就一把将她拉到一旁，轻声道："小冬，你现在先回去，这边暂时不太方便。""什么叫不方便？我是你妻子，来为老夫人磕个头，有什么不方便的？"梅兰芳面露难色，继续安抚："你的心意我怎会不了解。你听话，今天先回去，我处理完这边的事立马就过去找你。"说完，他轻轻推了一把孟小冬，孟小冬更加着急："我作为你梅兰芳的妻子，难道连进梅家大门的资格都没有吗？"梅兰芳一时语塞，急忙看向一旁的齐如山，齐如山也支支吾吾说不出话来，周围的客人纷纷识趣散开，留下梅兰芳和孟小冬两人。

这时，已快足月的福芝芳在两个佣人的陪同下，顶着大肚子缓缓走了过来。看到身戴重孝、脸色极差的福芝芳突然出现，梅兰芳更是窘迫，连忙上前搀扶，扶福时还不忘转过头对孟小冬挥手："小冬，你还是回去吧……回去吧。"孟小冬倍感委屈，忍住眼泪，但脚下却像生了根似的，一动不动站在原地，她咬住嘴唇，缓缓说道："三年了，我嫁给你三年了，今日前来，只为磕个头而已，这都不行吗？"见孟小冬态度坚决，梅兰芳只好又转向福芝芳，压低声音道："你劳累一天也辛苦了，快回去歇息一下，要不，就让小冬先进去磕个头算了。"福芝芳加大音量，厉声回道："我不累，也不回房，我就在这儿守着，有我福芝芳在的一天，她就不能进梅家这个门。"福芝芳说这番话时，虽没正眼看向孟小冬，却句句针对她，每个字都格外刺耳。梅兰芳深知福芝芳的脾气，况且其目前有孕在身，害怕生出意外，便不敢再多言。见梅兰芳一言不发，更没为自己帮腔，孟小冬的眼泪终于不争气地掉落下来。

正当两人各不相让，不知如何收场之际，齐如山领着孟小冬的舅父小桂芬从远处匆匆走了过来，小桂芬把孟小冬拉到一旁，先为她擦拭了眼泪，接着轻声说道："你也知道，舅父这几天一直在梅家协助兰芳办理丧事，大家都十分疲惫，你这样突然来梅家大闹……""舅父，我没有……"小桂芬打断孟小冬："这场闹剧其他宾客都看在眼里，对你、对他都不太好。今天，就暂且在这里打住，你先回去，等丧事办好了，兰芳定会去找你，处理你们的事情。"在舅父的劝慰下，孟小冬选择先行离开，她发疯似的冲出了梅宅大门，一路狂奔。

孟小冬漫无目的地在街道穿行，任凭眼泪随风滴落，直至精疲力尽，才发现自己已跑回孟宅附近。一回到家，孟小冬顾不上孟鸿群和张氏的关切询问，回到房间便倒头大睡，一直睡到了第二日正午。待她醒来时，发现张氏已做好羹汤等在床前。孟小冬一下子抱住张氏，放声大哭起来，听闻哭声，等在门外的孟鸿群赶忙冲了进来,之后,老两口在房间里,听孟小冬一字一句地讲述了昨日之事。

接下来的几天,孟小冬终日一言不发,郁郁寡欢,任孟鸿群和张氏如何劝慰,皆毫无用处,她反而更是茶饭不思、闷闷不乐。孟小冬的脑海里反复浮现出自己和梅兰芳情定终身的场景,当初,梅党满口答应"名定兼祧",可如今,地位孰大孰小,自己是妻是妾,均一目了然。突然,孟小冬甚至感觉自己比妾还不如,只能算是梅兰芳养在外面的情人罢了。而这一切似乎都印证了仇月祥当年离开时留下的那几句话,每一个字都如重锤一般,敲在了孟小冬心上。自此,孟小冬一病不起,在家连躺三日,遍请名医,也不见起色,把孟家众人急得团团转。直至与孟家交往甚深的邻居朗贝勒一家前来探病,见孟小冬如此状态,尤为心疼,便提议带孟小冬去天津就医调理,并安排孟小冬寄住在自己的詹姓妹夫家。

几经劝说,孟小冬终于答应去天津调养。抵津后,孟小冬居住在英租界的一栋公寓内。除了每日以中药调理身体,闲暇时间,孟小冬会跟着詹家女主人在供奉观音菩萨神像的小屋里,拈香点烛,手捻佛珠,口诵"阿弥陀佛"。其间,孟小冬大门不出,每日早晚焚香一炉,静静消磨时光。而这样的生活好似将孟小冬深藏进另一座金屋,不过这回的金屋倒更像是佛屋,让孟小冬心里感受到了片刻的宁静。

一直心怀愧疚的梅兰芳在处理完祧母安葬事宜之后,立即赶到孟家,不料未见到孟小冬,反而撞上了中风在床的孟鸿群。梅兰芳关切询问孟鸿群的病情,却遭孟鸿群冷冷回应:"你还戴着重孝,靠我那么近干吗?是怕我病得不够重吗?"梅兰芳连忙道明来意,慌乱之下将大包果品放在了孟鸿群床头,孟鸿群使出全身气力,一挥手将果品挥到了地上,呵斥道:"你个梅兰芳,可真对得起我家冬儿。自从冬儿嫁给你后,就没过过几天好日子,现在又生了重病。我这副老骨头倒无所谓,可怜我家冬儿,年纪轻轻就……唉……"

见孟鸿群态度强硬,梅兰芳也不敢多问,急得边哭边解释:"五爷,我对小冬是真心真意的。这些年我们两家确实有些误会，不过，真的全是误会。您可千万保重身体，我先走一步，下回再来探望您。"

梅兰芳眼含泪花退出房门，走到孟家大门前停了下来，立在原地，怔怔出神。这时，孟小冬三弟孟学科领着媳妇，将果品给梅兰芳送了出来，说道："姐夫，家父今天反应实在有些过激了，他最近身体一直不好，脾气也大，请您见谅。这些东西您先拿回去，别浪费了。""学科，你能跟我说下你姐姐是怎么回事儿吗？她现在到底在哪儿？"孟学科见梅兰芳脸上挂着泪痕，实在于心不忍，就老老实实答道："姐姐正在养病，自从上次去了梅……您家，她的身体就……哎……"孟学科的妻子不断从背后轻扯孟学科的衣服，孟学科才及时打住："算了。我也许久没她消息了，只知道她人在天津，具体地址我可就真不知道了。"

得知孟小冬在天津养病的信息，梅兰芳已十分感激，回到梅宅后，他便立即联系了与他相熟的天津《商报》记者叶畏夏，请他打探孟小冬的下落。

自从在詹家养病以来，孟小冬每日诚心念佛，远离凡尘俗事，生活倒是清静了许多，身体也逐渐有了好转。10月下旬，孟小冬收到天津闻人朱作舟的邀请，参与为辽宁水灾赈灾募款的义演。在天津明星戏院的后台，孟小冬偶遇了叶畏夏，并接受了他的访问请求。本以为是寻常的新闻访问，可几番聊下来，孟小冬才发现这位记者竟是梅兰芳的说客，特意前来劝她和梅言归于好。孟小冬态度坚决，任凭叶畏夏如何声情并茂地劝和，孟小冬都无动于衷，誓不与梅兰芳重修旧好。

12月下旬，孟小冬之母张云鹤到天津探望孟小冬。未曾想到，刚抵津就先被叶畏夏接到了梅兰芳下榻的酒店。在利顺德大饭店，梅兰芳声泪俱下地向孟母诉说了自己这数月以来是如何委托各界人士向孟小冬游说，却次次吃闭门羹，接着又向孟母解释了之前的一系列事情纯属误会，自己对孟小冬的感情非常深厚，希望孟母这次能帮忙劝和，并保证以后再不会让小冬受苦。看到面容憔悴的女婿特意赶来天津，又托人安排了这场叩拜求援，张氏实在于心不忍，便答应了梅兰芳的请求。

很快，张氏的探望之行便变成了众人的劝说大会，在张氏的耐心开导、梅兰芳的登门道歉、詹家主人的合力劝说下，孟小冬终于答应同梅兰芳返回北平。

本以为这场风波后，梅、孟二人能真正意义上重修旧好。但接踵而至的福二临盆，梅兰芳应接不暇的各种演出、采访和演说，让梅、孟二人再次渐行渐远。伴随着梅兰芳事业不断腾飞，梅党渐渐生出了"捧孟派"和"捧福派"两个阵营。"捧孟派"认为梅兰芳若想在事业更上一个台阶，他的配偶也必须光芒万丈，与他相得益彰。以孟小冬如今在梨园界的名气，梅、孟二人的合作势必是永远的焦点；"捧福派"则认为孟小冬为人心高气傲，不会"服侍"人，反而需要人"服侍"。嫁给梅兰芳后，也极少登台，对梅兰芳的事业不仅毫无帮助，还时常闹脾气，影响梅兰芳的进步。而福芝芳是正房太太，保全着梅家大家庭，懂事又会服侍人，两者孰高孰低、孰留孰走，一目了然。当初一手撮合梅、孟的冯耿光成了"捧福派"的中坚力量，而以齐如山为首的"捧孟派"则显得势单力薄。几次交锋后，"捧福派"力压"捧孟派"，一些"捧孟派"的成员也纷纷倒戈，不再为孟小冬多缀一词。作为事件的主角，梅兰芳实在不知如何应对，却也开始有意无意地疏远孟小冬了。对孟小冬，他的确存有感情，只是到达何种程度，恐怕连他自己也不清楚。

很快，"舍孟留福"的言论传到了孟小冬耳朵里。不过，这次她倒显得非常冷静，似乎早就知道会有这天。几日之后，孟小冬邀请梅兰芳傍晚到北平金屋一聚，孟小冬难得主动一次，梅兰芳答应得很是爽快。

这晚，孟小冬少见地穿上了旗袍裙，略施粉黛，更显楚楚动人。梅兰芳不禁被孟小冬的美貌吸引，但久未见面的两人似乎已有了些许生疏之感。

孟小冬倒上两杯淡茶，一杯递给梅兰芳，一杯自己先一口气喝了一半。"兰芳，你还记得我们第一次见面是怎样的情景吗？""怎么问起这个？""你先答我。""我想想……应该是在第一舞台举办的那场义演后台，我们打了第一次照面。不过，在那之前，我对你的印象就很深了。""是呀……你是不知，那时，在后台见到大名鼎鼎的梅兰芳本尊，我有多激动，也不敢多和你说话。这一晃这么多年，但那日的景象仍历历在目呢。"

"小冬，你今天这是怎么了？"孟小冬没有理会梅兰芳，继续道："兰芳，我曾以为我们的结合是天作之合，是能让我幸福的。但到头来发现，我连梅家大门都进不了。""不是这样的……""你先听我说。六爷他们的决定我已经知道了。不过，如果我是冯六爷，我也一定会做这样的决定的：保住一个完整的梅家，牺牲一个'妾'，再合理不过了……""小冬，这不是我的意愿。""你的意愿如何，我已不想知道。兰芳，我现在只想说说我的意愿。""你说吧……""为了梅兰芳的事业，我决定离开。""你要去哪儿？又去天津？""不，不，我是说结束这段婚姻。"听到这里，梅兰芳哽住了。

孟小冬继续道："长痛不如短痛，虽然这些年已经痛过无数回了。""小冬，这是你深思熟虑后的结果吗？""是的，这半年来，虽然我常常回想起你教我写字画画的场景，但我知道，一切都回不去了。""别说了，是我对不起你。你想要怎样的补偿，我都依你。""兰芳，其他的我都不需要，但你能把那张鹅影相片留给我吗？""当然……可以。"说完，梅兰芳若有所思，沉吟了一下："小冬，你会恨我吗？""不……我不恨你，只是我知道，我没办法再在这个伤心地待下去了。""那……小冬……你……"梅兰芳欲言又止。"我怎么？你说……""这些年让你受苦了……哎……真的委屈你了，希望这不会对你造成太大的影响。"

孟小冬突然笑了起来："兰芳，你可别小看我，就算和你分开了，我也还是'须生之皇'呢。"孟小冬顿了一顿，又道："我今后要么不唱戏，再唱戏不会比你差；要么不嫁人，再嫁人也不会比你差！"这几句看似玩笑的话，却字字击在梅兰芳心上。他只好苦笑着回应："好，好，那就好。"说

孟小冬倩影

罢,孟小冬走进卧房,将已打包好的小行李箱提了出来。梅兰芳一惊:"今晚就要离开吗?""对,我早就决定好了。""这么急吗?怪不得你今晚穿得这样正式。""长痛不如短痛,总归是要走的,倒不如早些离开。剩下的大件行李,我会叫段大伯他们尽快来取。""这都随你。""还有……这个,还你。"孟小冬说着,将一枚戒指轻轻放在桌上,这是当年王明华送给孟小冬的见面礼,后来也成了孟、梅的婚戒。

"兰芳,那我……就走了。""我送你吧。""不必了……"孟小冬边道别边向门口走去。

望着孟小冬离去的背影,梅兰芳百感交集,他将桌上自己的那杯茶一饮而尽,接着,望着戒指怔怔出神。坐了一会儿后,他突然从椅子上弹了起来,跑到门口,向外探头,才发现外面正下着小雨,他赶紧回房取了一把黑色油纸伞,追了出去,但孟小冬早已消失在茫茫的夜色中。

伴着夜雨与寒风,梅兰芳一路向北,跑到了东四三条胡同大门口,正欲敲门,却又收回了手。他在门口伫立良久,思绪反复:既然她都回了家,送来这把伞又有何用?于是,梅兰芳将油纸伞摆在门口,悻悻离去。

梅兰芳没有立即返回梅宅,而是一边淋着雨,一边漫无目的地在街上走着,直到天微微发亮,才又回到了金屋。梅兰芳端起桌上已凉透的半杯茶,一饮而下,他又向四周打量了一番,过去的一幕幕也如潮水般涌现眼前。不过,梅兰芳清楚,从今往后,金屋不再,而孟小冬也不会在了。

吃斋念佛　紧要启事

两日两夜，茶饭不思，夜不能寐，孟小冬又一次让自己陷入了健康危机。在家人与邻居的反复劝慰下，孟小冬重回天津詹宅，吃斋念佛，调养生息。天津各大戏院听闻孟小冬居于天津，纷纷向孟小冬发出演出邀请，却一律被深居简出的孟小冬礼貌回绝。

一日，詹宅迎来了一个特别的客人——天津《商报》记者沙大风，他得知孟小冬寄居于此，特意前来拜访，希望与孟小冬见面。对于沙大风，孟小冬还是心存感激的，之前若没有沙大风的数篇赞文与不遗余力的推崇，孟小冬也不会得到"冬皇"这个名号。于是，孟小冬欣然答应了沙大风的见面请求。

沙大风极力劝说孟小冬重拾信心，回归菊坛，并给孟小冬支招，让她延请上海女大律师郑毓秀，以法律手段处理她和梅兰芳的关系。以沙大风之见，孟、梅之间的关系断绝只是口头上而非正式的，这对孟小冬极为不利。孟、梅的婚姻，当初结合之时就十分草率，如今既然已经完全决裂，就应堂堂正正昭告世人，不能不清不楚留有余地，以免再度招人话柄。孟小冬思前想后，甚觉有理，终下决心，亲自南下上海，彻底了结此事。

入秋之后，孟小冬便启程前往上海。在沪期间，孟小冬一直寄居在金兰姐妹姚玉兰处，此时，姚玉兰已嫁上海大亨杜月笙，成了杜月笙的第四房姨太太。在姚玉兰的闺房中，孟、姚二人彻夜长谈，听孟小冬讲完其这段心

梅家全家福。福芝芳为梅兰芳共生8子1女,5子夭折。前排为梅葆玥(左一)、梅葆玖(左三),后排为梅绍武(左一)、梅葆琛(左二)

酸的婚姻后,姚玉兰为妹妹大呼不平,并立即出谋划策:"你和梅兰芳这事,找律师打官司太严肃了,毕竟你们都是有头有脸的人,闹大了可不好看。姐姐觉得,要不这事就直接让月笙出面解决一下好了,何必请什么大律师多生枝节。"孟小冬想了想,说道:"姐姐说得有理,但又怎好麻烦杜先生?""妹妹放心,包在我身上!"

翌日,杜月笙只花了不到吸一根香烟的工夫,亲自给梅兰芳打了一通电话,便摆平了此事,而梅兰芳亦答应送给孟小冬4万大洋作为离婚补偿费。对孟小冬来说,钱数多少并不重要,重要的是让她讨回了公道,赢得了一丝尊严。

不过,因此前访美演出耗资巨大,梅兰芳这一年多时间一直财力吃紧,入不敷出。虽极力维持着表面的光鲜，但实际上4万大洋对他来说已是一笔巨款，他不得不将北平无量大人胡同的花园住宅卖掉，直至全家1932年4月迁居上海时才将补偿费用全数付清。

1931年9月17日，孟小冬受沙大风之邀，出席了《大风报》发起的天津春和大戏院赈灾义演。恰逢"旧谭领袖"言菊朋也应邀出演，言连演三天营业戏，孟小冬便邀朋唤友接连捧场三日，认真观摩学习，并有意向言菊朋拜师学艺。之后，在沙大风的说合之下，很快促成了拜师一事。正当孟小冬准备两个月后正式行礼时，不料又另生事端。

对于名人的私生活，人们向来怀揣着好奇和不善。一日，天津某小报突然开始连载关于孟小冬"奇闻逸事"的小说，虽然小说中的人物均为化名，但明眼人一看便知，所有剧情无不含沙射影孟、梅之事，其中，更有大段篇幅重提当年发生在冯宅的绑架杀人案，暗指孟小冬和李志刚之间的关系不简单。而孟小冬因当年敲诈不成，数年后又借婚事再骗梅兰芳大洋数万，故事被越描越黑，越传越离奇，矛头直指孟小冬。一时之间，满城风雨，对孟小冬的质疑之声、流言蜚语、谩骂声接踵而至，扰得孟小冬甚为心烦。如果说，此前孟小冬在和梅兰芳的婚姻中所受之苦是"明枪"，那这一次的无妄之灾便是"暗箭"，比起明枪，暗箭的杀伤力显然更强。

连载的内容愈演愈烈，看客们亦越发投入，认为这些猎奇文字所陈述的皆为事实。孟小冬刚刚开始愈合的伤口又遭受了重击，从此一蹶不振。卧床十日后，孟小冬做出一个决定：入北平拈花寺住持量源大和尚门下，受三皈依礼节成为在家信佛的教徒。自此，孟小冬又开始了每日焚香念佛、顶礼膜拜的生活。每逢农历初一十五，她还会到各大寺庙进香拜佛，参禅听道。北平境内大小寺庙，从拈花寺、隆福寺、广化寺、广济寺，再到西郊的谭柘寺、戒台寺，都留下了孟小冬虔心礼佛的足迹。

每日吃斋礼佛的孟小冬很快平复了心情，她也努力调整状态，试图让生活重新回到探究、深造戏剧的轨道上。可是，正当孟小冬准备向言菊朋重新拜师之时，却恰逢言菊朋出了点状况：此时的言菊朋因身体原因，时感中气不足，嗓音亦发生了变化，已无法驾驭满腔满调的谭腔，因此，对于收徒一事，亦是有心无力。不过，言菊朋诚挚地为孟小冬指点了一条明路："小冬，不是我不愿教你，而是我已没有资格收你为徒。况且，我这唱腔，与你甚不对路。其实，比我更有资格，与你更为对路的，眼下只有一人，便是余三爷。"未等孟小冬答话，言菊朋接着又道："当然，即便我们不是师徒关系，我亦十分愿意倾囊相授，你若对谭派有不明白的地方，你随时找我，我随时指导。"

事实上，言菊朋却不知，拜师余叔岩一直是孟小冬的最大心愿。早在几年前，孟小冬便无数次请人登余门为自己说项，但屡屡遭到余三爷的推辞。无论是因为余叔岩与梅兰芳的关系，还是由于余叔岩不收坤角的先例，再或是因为余叔岩原配夫人陈淑铭的反对，无论从前还是现在，余叔岩对孟小冬拜师之事总是有意回避。孟小冬深知此心愿可能无法达成，也就顺其自然，不敢奢求了。不久，因缘巧合之下，孟小冬结识了京剧票友苏少卿，并拜其为师。

半年时间，孟小冬先后在言菊朋与京剧票友苏少卿的指导下，再度精进技艺，无论是言菊朋的"旧调新腔"，还是苏少卿作为票友的理论分析，均让孟小冬受益匪浅，技艺提升。

归隐后孟小冬在看破红尘、吃斋念佛的生活中又消失了大半年，但这并未减弱人们对她的好奇心，连载小说依然肆无忌惮地捕风捉影，对其妄加猜测，而孟小冬越是不出现在大众视野，人们对她就越是好奇与期待。

天有不测风云。次年二月，孟鸿群于北平辞世。孟小冬返回北平，守孝百日，日益消瘦。在失去了父亲这个最大的精神支柱后，孟小冬更是每日把自己关在家中念佛，不肯见人。但她消失得越久，复出的呼声就越高，当人们对孟小冬复出的兴趣大过八卦之时，很多戏院似乎又看到了商机，纷纷盛情邀请孟小冬重返舞台，每日登门者络绎不绝，但均被孟小冬以身体欠佳为由拒之门外。直到一日，一位神秘贵宾登门，才让事情有了转机，此人便是杜月笙。

作为"孟迷"之一的杜月笙一面为孟小冬打抱不平，认为她的居家念佛之举纯属自暴自弃，既负了戏迷，也负了自己，此刻脱离舞台也绝非明智之举；一面又向孟小冬陈述利害，提醒她还要肩负孟家上下的生活之责，尤其在孟父过世之后，她就成了孟家的最大支柱，若她执意消沉，那只能是入不敷出，坐吃山空。看到孟小冬似乎有所触动，杜月笙再接再厉，拿出最后的撒手锏，语重心长地说道："孟大小姐，虽然清者自清，但侬一再回避忍让，反而给了不明事理之人更多肇事的机会。若侬想彻底摆脱现状，就应直面现实，向世人表明态度，公开真相。侬要是敢站出来说几句话，必定也会造成反响，要知道，侬可是梨园界的'冬皇'，不是寻常人家的普通女子，说话自然是有分量得勿（不）得了。"

这番话好似一剂强心针，让孟小冬幡然醒悟，回想这半年来，虽然日日吃斋念佛，但依旧夜夜辗转难眠，消极度日确实不是解决问题的方法，直面问题，掷地有声才可彻底摆脱困境。孟小冬渐渐露出坚定的眼神，对着杜月笙点了点头，杜月笙立马展开笑颜，边拍手边大声说道："甚好，甚好！"

杜月笙离开后，孟小冬连夜奋笔疾书，起草了题为"孟小冬紧要启事"一文，字里行间真情流露，义正词严，矛头直指那些不断造谣生事之人。拟好初稿后，孟小冬又另请人对文字润色修饰，回避敏感词语，使得文章字字珠玑、深切动人，五百多字的文章中无任何攻击性辞藻，客观平和，以理服人。

此紧要启事于1933年9月5、6、7连续三日在天津《大公报》第一版登载，全文如下：

启者：冬自幼习艺，谨守家规，虽未读书，略闻礼教，荡检之行，素所不齿。迩来蜚语流传，诽谤横生，甚至有为冬所不堪忍受者。兹为社会明了真相起见，爰将冬之身世，略陈梗概，惟海内贤达鉴之。

窃冬甫届八龄，先严即抱重病，迫于环境，始学皮黄。

粗窥皮毛，便出台演唱，藉维生计，历走津沪汉粤、菲律宾各埠。忽忽十年，正事修养。旋经人介绍，与梅兰芳结婚。冬当时年岁幼稚，世故不熟，一切皆听介绍人主持。名定兼祧，尽人皆知。乃兰芳含糊其事，于祧母去世之日，不能实践前言，致名分顿失保障。虽经友人劝导，本人辩论，兰芳概置不理，足见毫无情义可言。

冬自叹身世苦恼，复遭打击，遂毅然与兰芳脱离家庭关系。是我负人？抑人负我？世间自有公论，不待冬之赘言。

抑冬更有重要声明者：数年前，九条胡同有李某，威迫兰芳，致生剧变。有人以为冬与李某颇有关系，当日举动，疑系因冬而发。并有好事者，未经访察，遽编说部，含沙射影，希图敲诈，实属侮辱太甚！

冬与李某素未谋面，且与兰芳未结婚前，从未与任何人交际往来。凡走一地，先严亲自督率照料。冬秉承父训，重视人格，耿耿此怀惟天可鉴。今忽以李事涉及冬身，实堪痛恨！

自声明后，如有故意毁坏本人名誉、妄造是非，淆惑视听者，冬惟有诉之法律之一途。勿谓冬为孤弱女子，遂自甘放弃人权也。特此声明。

紧要启事一经刊登，便造成巨大轰动，同时，此文亦让很多此前不明缘由的看客为孟小冬鸣不平，支持之声将孟小冬数年来的委屈一扫而空。半月时间内，孟小冬重整旗鼓，恢复了以往的容光。

1933年9月25日，孟小冬复出后的第一场演出，是在北平王府井大街的吉祥戏院上演全本《四郎探母》，男女合演，阵容鼎盛。孟小冬饰演杨六郎杨延昭，姜妙香饰杨宗保，李慧琴演铁镜公主，鲍吉祥甘当绿叶，配两朵红花。此戏大受追捧，孟小冬重回舞台的消息也不胫而走，从北平传到了天津。天津明星大戏院的老板又一次亲赴北平邀请，这已是他第二次登门拜访。念其两次亲临邀请，盛意拳拳，孟小冬终于答应，并立即约请了名净侯喜瑞、名丑萧长华等前辈一同演于津门的明星戏院。

10月19日至21日三天，孟小冬的复出打炮戏为《四郎探母》《珠帘寨》和《捉放宿店》。这次在天津的复出演出，即使未提前造势，仍盛况如前，连日均售满座。对孟小冬的回归演出，各界人士均给出了极高的赞誉，以沙大风为首的天津报界人士，认为此时的孟小冬已和余叔岩不分轩轾。而余叔岩因病辍演多时，越来越多的余迷转投孟处，望梅止渴，并认为小冬年方及壮，还有发展余地，来日方长，有朝一日，顶替或超越余叔岩亦十分有望。

见孟小冬复出势态大好，明星大剧院乘胜追击，不久之后，孟小冬在天津的第二期演出拉开帷幕。演出期间，剧院专程商请谭派名票程君谋为孟小冬操琴。因早年间，程、孟二人在恒社票房有过短暂的交集，因此，两人之间的默契合作一度传为佳话，又吸引了一大批谭派戏迷。孟小冬本可趁机赚个盆满钵满，但因此前落下的病根，她开始闹胃病，总感体力不支。为保证每场演出的水准与质量，孟小冬不得不推掉很多剧院的邀约，只在平、津两地进行短时间、不定期的演出。

在北京改名为"北平"的两年后，京剧也改称为"平剧"。由于经济的衰退及大量新奇玩意儿的涌入，平剧市场开始逐渐衰败。那些曾经叱咤风云的梨园名家，一夜之间皆备受冷落。一些以前场场爆棚的大家，如今甚至有时一场连60张票都卖不出去，只好临时回戏。反而不常演出的孟小冬未受丝毫影响，越少登台，越受欢迎，但凡有演出，海报一出，不到半日，全票售罄。如此一来，孟小冬在不断衰败的平剧市场中，成了唯一不倒的常青树。演出之后的时光，这棵常青树便有了更多闲暇时间用以充实自己，补习国学、修学书画，一样不落。

1934年年末，北洋政府陆军次长杨梧山由上海返回北平之际，北平警察局秘书长窦公颖为杨接风洗尘。因杨、窦二人和余叔岩私交甚好，又十分欣赏孟小冬，便邀请了余叔岩与孟小冬作陪。宴席间，孟小冬对余叔岩毕恭毕敬，并不断向余叔岩提出拜师的请求，但余叔岩均未正面回应。于是，杨梧山与窦公颖也开始不遗余力地从旁帮腔。杨梧山率先开口："三爷，您看，孟老板多年来对您'死心塌地'，虽然现在贵为全国最红的角儿，但并未止步于此，一心想着精进技艺，勇往直前。更重要的是，她知道找您最合适，对您又佩服得五体投地，您说，这么好的徒弟上哪儿找去？"窦公颖补充道："是呀，三爷，孟老板既与你对路，又对你忠心耿耿，不收这样的徒弟，于情不合，于理不对啊。"窦公颖边说边使劲摇头，"三爷，我又怎不知您的为难之处？早前是因三奶奶不乐意，所以您也未敢答应。可如今，嫂夫人已经去世，收徒弟这事儿，应是不成问题了吧。"见余叔岩仍低头不语，杨梧山拍了拍余叔岩的肩头："三爷若还有疑虑，应是怕旁人说三道四？要不这样，日后，我家大宅就是你们师徒俩说戏练曲的地儿。您每天来教，孟老板每天来学，我也跟着沾光，岂不美哉。"窦公颖拍手附和："甚好，甚好。"

余叔岩见杨、窦二人将话说至此地步，自知已无法再做推脱，只好苦笑着点了点头："收了，收了，就收下弟妹了吧。"孟小冬狂喜："还弟妹？三爷，从今起，您该改口叫我'徒弟'了。"余叔岩恍然："啊……对……对，早就不是弟妹了。不过，收小冬为徒一事，我暂时不想节外生枝，你们可答应？"三人异口同声："这是当然。"

翌日，众人在杨宅举行了一场十分简单且仓促的拜师仪式，除了杨、窦二人外，只有几个来宾在场。孟小冬跪在余叔岩膝下，向余行了拜师礼，余叔岩回礼后，便宣布礼成。因怕惊动外界，当日也未留下任何合照。

自此，只要孟小冬没有演出的时候，便常到杨宅走动，由于师徒二人从未约定时间，只有当余叔岩精神尚佳，刚好到杨宅坐坐的时候，才有机会说说戏，排排身段。两人的碰面好似缘分游戏，因此，即便拜了师，孟小冬也从未系统地学过戏，而余、孟二人的师徒关系亦一直处于晦明晦暗的状态。

【第四回】 立雪余门 师徒情深

1935年，孟小冬受邀参加杜月笙负责的"筹募各省水灾义赈会"，在黄金荣开设的黄金大剧院（建于1930年1月30日），与众多名伶合作赈灾慈善演出，为期20天。因旧病未愈，加上长时间的不间断演出，二十七岁的孟小冬演到第八天便病倒。至此，她不得不再缩减日常的演出场次，有时几个月才演一场，其余时间均用于聚会或郊游。这种简单轻松的生活持续了两年，不仅让孟小冬开朗了不少，她的身体也日渐恢复。

　　1937年5月1日这天，黄金大戏院因迁址重张，举办了一场声势浩大的开幕典礼，更是一场名副其实的群英会，各界来宾达到两千余人，一时之间众星云集。典礼当日节目众多，让人眼花缭乱，但开幕仪式上最受人瞩目的环节当属由孟小冬、陆素娟与章遏云领衔的"三美剪彩"。这三位梨园公认的最美伶人站在一起，均如天仙下凡，但又各有光彩。当然，在台下的观众之一——杜月笙心中，美得首屈一指的只有孟小冬。开幕式结束后，众名伶又受邀出席了杜月笙安排的酒会。酒席期间，杜月笙的目光几乎未曾离开过孟小冬片刻。

　　如以往一样，孟小冬但凡到上海，必定借住在好姐妹姚玉兰的住所，也几乎都会和姚玉兰同睡一间房，彻夜谈天。这次距上次水灾义演又时隔两年，两姐妹自然有说不完的话。当晚，杜月笙也没返回杜公馆，而是跟随姚

陆素娟之肖像

章遏云之肖像

玉兰和孟小冬一起到了姚宅。

趁姚玉兰吩咐仆人为孟小冬煮点稀粥当点心之际，杜月笙趁机走进姚的房间，紧紧拉住孟小冬的手，将深埋多年的感情倾泻而出："孟小姐，不对，唔以后就叫你'小冬'好伐？小冬，侬可知道，自打十几年前第一次见到侬，唔就对侬念念不忘。只是当时侬年纪尚小，又跟着仇师父走南闯北，唔没什么机会。可是后来，侬和梅兰芳结婚，侬知道唔有多伤心伐？好在，之后的事情，老天也在帮唔。""杜……杜先生，你别这样说。""小冬，每当唔想到，如今，侬都快而立之年，还漂泊无依，唔就心口发痛。""可是杜先生，姐姐她……""小冬，这些年我怎么对侬的侬也很清楚。至于玉兰这边，侬别担心，伊（她）一直都知道唔对侬的情意。况且，侬与玉兰，情同姊妹，和唔在一起后，拿（你们）便能朝夕相见，岂不两全其美？"

杜月笙正忘情地抒发着自己的情感，恰好姚玉兰推开了房门，孟小冬猛地挣脱杜月笙的双手。"姐姐，麻烦你了，这么晚还要忙着给我弄吃

孟小冬、姚玉兰、章遏云于上海合影　　　　　孟小冬与章遏云于上海合影

的。""不麻烦,不麻烦,你以后常来的话,我会叫下人换着花样给你做吃的。你这胃呀,真是大毛病,要好好养着。"杜月笙拍了下姚玉兰的肩膀,笑嘻嘻地说道:"玉兰呀,侬这姐姐当得老好了,哈哈哈……"姚玉兰白了杜月笙一眼:"我和妹妹今晚还有很多话要说呢,你快去休息吧,别扰了我们姐妹相见。""好好好,唔出去就是。"

　　杜月笙离开之后,孟小冬注意到自己双手手腕上均被杜月笙捏出了红印,害怕被姚玉兰看见,赶忙披了件长外套。

　　接下来的几日里,杜月笙一有空闲,便留在姚宅,向孟小冬频献殷勤。顾及姐姐姚玉兰的面子,孟小冬的回应均十分冷淡,但杜月笙不依不饶,又是嘱咐管家添置这样,又是嘱咐厨房做那样,把孟小冬安排得妥妥当当,对她呵护备至。在接受杜月笙的种种示好之前,孟小冬都会先偷偷观察姚玉兰

第四回

的脸色。不过，想到杜月笙这些年对自己各方面的照顾与厚赐，恩犹未报加上如今的自己只身一人，日子闲适却寂寞，孟小冬在心里便已默许了杜月笙。

一晚，在杜月笙因急事赶回杜公馆后，姚玉兰拉着孟小冬的手，说有些知心话想要告知。起初，孟小冬还担心姚玉兰因知道了杜月笙之事对自己心存芥蒂，影响两人之间的姐妹情。后来才发现，原来姚玉兰不仅不介意，反而答应杜月笙当他的说客。姚玉兰先情真意切地向孟小冬详述了这些年杜月笙为她在明在暗做的种种事

孟小冬与姚玉兰于上海合影　　　　孟小冬与杜月笙于上海合影

孟小冬与杜月笙于香港合影

情,又开诚布公地说明了自己目前在杜家的处境:孤立无援,无法和杜月笙的前几房太太相斗。若是孟小冬能入杜家,自己便有了一个强大的支撑,两姐妹一起定能争得一席之位。

思虑了几晚,孟小冬终下决定,愿和姚玉兰并肩而立。可好景不长,搬入姚宅没多久,因日寇侵占上海,作为上海大亨的杜月笙自然成了眼中钉、肉中刺,不得不举家逃往香港。而因身份原因,孟小冬只能暂回北平,两人一别又是一年。

1938年5月上旬,杜月笙的账房先生黄国栋在上海帮孟小冬办理了通行证,孟小冬即日启程,奔赴香港九龙与杜月笙团聚。10月,孟小冬从香港又匆忙返回北平,只因一件她盼了数年的大事即将发生。

正式拜师　得偿所愿

1938年10月21日，孟小冬在北平泰丰楼正式拜师余叔岩，自此，二人的师徒关系由暗转明，而孟小冬亦真正意义上如愿以偿，踏入余门。与此同时，在北平一炮而红的李少春，也于早两日、10月19日，拜师余叔岩。二人一前一后立雪余门，成为同门。

比起孟小冬，李少春的拜师之路可谓容易许多。作为"小达子"李桂春之子，年仅十九岁的李少春能文能武、唱作俱佳，尤以灵巧敏捷的猴戏闻名四方。为培养李少春成为文武全才，李桂春让其文学余派，武宗杨派，并一反常规地先教李少春打把子，再吊嗓子，久而久之，使得李少春练就了嗓音完全不受武打的影响，边唱边打，无需垫戏的本领。

李少春的武功底子十分深厚，颇有杨小楼的神韵，后因杨小楼故世，李少春又改拜另一杨派大家丁永利为师，但此时的李少春已不拘泥于杨派路数，他将南派风韵融入其中，外加一些新奇技巧，形成了自己的武生风格。而在老生方面，李桂春早期不惜重金，把陈秀华从北平请到上海专门教授李

师徒三人合影

少春余派老生戏，在少春小有所成后，李桂春认为，是时候拜师余叔岩了，并且势在必得。

李桂春本就是余叔岩的至交好友，再经李育庠等几位老友反复说项，余叔岩不好直接推脱，便提议先去看看李少春的功底再做定夺。结果，余叔岩在新新戏院观看了李少春的《打渔杀家》和《恶虎村》文武双出戏后，大为震惊，当即便答应让李少春入门：一是因为李少春俊俏不凡，气质出众，既清秀又大气，既可文又可武，在梨园界实属罕见。二是因为李少春年纪虽轻，但年富力强，武戏的灵动程度活脱脱一个"小杨小楼"。余叔岩与杨小楼合作多年，倍感亲切，于是决定好好培养这个难得的天才少年。

依照入门的先后顺序，李少春应称呼早四年拜师的孟小冬为"师兄"或"师哥"，但每当看到眉清目秀的孟小冬，李少春总是改不了口地叫出"师姐"。自此，这对师姐弟成为梨园界的又一佳话，被行内誉为"余门双杰"。不仅余叔岩所收徒弟起点之高让人惊叹，两位徒弟对余叔岩所彰显的孝心，更让行内人佩服与眼红。

纵观梨园界，数年来想拜师余大贤的人不胜枚举，前赴后继，但像孟小冬和李少春这般坚持不懈者却少之又少。并且，两人还投余所好，不但时常为余送上上等烟草、珍贵古玩，给师母和余叔岩之女带去衣料、首饰；更对余家上下照顾有加，无论门房、佣人，还是厨房、老妈子都常有馈赠。作为回馈，余叔岩亦倾囊相授，在仔细分析和观察了孟、李二人的表演后，余叔岩根据两人不同的天赋与特点，分别制定了两套课程表，计划用五年时间，教授孟小冬文戏8出、李少春武戏8出。

学戏第一日，孟、李二人一大早便相继抵达余府，在书斋"范秀轩"等候师父大驾。直至正午，也未见师父踪影，更无人通报。两人不敢离开，只能一直在书房等待，偶尔聊聊天以打发时间，连水都未饮一口。到了晚饭时间，余叔岩终于端着杯盖碗茶走了进来，一进门，便直接约法三章，道："从今儿起，你们必须丢掉你们本来会的，从头开始。少春的第一出为靠把老生戏《战太平》，武把部分由丁（永利）先生教你，唱念和做功身段由我负责；而小冬从唱功戏《洪羊洞》开始。不过，你们要仔细听好一件事儿：我在教戏时，你们可以相互旁听，但日后到台上演出，绝不可擅自出演对方的戏，只可演自己所学的，清楚否？"虽不明缘由，孟、李二人还是连连点头。

自学戏第一日开始，李少春就展现出极高的悟性，余叔岩所教《战太平》之诀窍，一点便透，一学就会。当然，这既和李少春年富力强，记忆力好有关，也和李之前跟陈秀华学过余派老生戏密不可分。虽然李少春在某些方面的接受力显得比孟小冬更高，但同时余叔岩也发现，李少春学东西虽快却不精，表面上似模似样，内里还欠缺火候。因此，每当李少春稍有自得神色显露，余叔岩便会立即提醒："少春，你表面上看起来好像没错儿，但里边儿可还不是那么回事儿。"不过，对于李少春的聪明伶俐，余叔岩不仅看重，亦十分喜

余府书斋"范秀轩"。墙上贴着素色壁纸，左起依次挂着谭鑫培的画像、余叔岩的书法、徐操的《仕女图》、陈半丁的两张"小品"，以及其他名家的字画

欢，并笃定：年纪尚轻就有如此悟性的李少春，假以时日必成大器。

相比李少春，因身体条件与性别限制等各方面原因，孟小冬的学戏之路更为艰辛。为了避嫌，余叔岩让两位正就读于春明高中的女儿慧清和慧文为孟小冬伴学。一来，此举遵照了男师父教女徒弟须有内眷作陪的梨园行规，有效避免外界的闲言闲语；二来，这亦可降低余叔岩的继室、前清太医院御医姚文甫之女姚氏难免生出的醋意。对于余叔岩做此安排，孟小冬心如明镜，她不仅将慧清、慧文视同手足，对两姐妹照顾有加，相处十分融洽；并随时注意拿捏好她与余叔岩之间的距离，不疏远亦不过密。

与此同时，为取得姚氏认可，孟小冬每日到达范秀轩之前，必先向姚氏请安问候。平时也总不忘给余叔岩与姚氏所生三女慧龄添置新衣，买这买那。学戏之余，她还会主动抱起慧龄以示亲昵。孟小冬的周全思虑与默默付出，余叔岩全看在眼里，记在心中，因此在教授孟小冬之时，亦耐心备至，有疑即解。

余叔岩在教学之时异常严苛，是闻名梨园界的"铁面"师父。事实上，想拜入余门之人多不胜数，但真正受过余叔岩系统教学之人却少之又少。即便早年间，余叔岩因种种人情缘由收过几位徒弟，但其均如昙花一现，虽有幸获得了余门的入场资格，却都未能在余叔岩极严的管教下坚持超过数日，就不了了之。从此，余府的书斋"范秀轩"成了一个既让人神往，又让人胆怯的圣地，可谓"入余门难，学余艺更难"。

而最难之处，莫过于学艺者须将之前在别处所学所知全部抛掉，由零开始。即便是在戏台上已演过百次以上之戏，到余叔岩这里，都得完全推翻忘记，从头来过。一字一句、一腔一调、一颦一笑，都必须完全按照余叔岩的指示进行。虽严格至此，但余叔岩深入浅出的剖析，手把手的教学，的确让孟小冬和李少春在学艺的每一日都感到大有斩获。

因余叔岩早先便立下"两人学戏，一人旁听"之规矩，于是，从李少春学《战太平》的第一折戏起，孟小冬便在一旁观摩余叔岩示范各种身段动作，有时简单地跟随比画，就让孟小冬气喘吁吁，往往此时，李少春则已是大汗淋漓。而孟小冬学《洪羊洞》的文戏时，李少春亦仔细聆听余叔岩讲解剧本的精妙之处，人物的每一个表情变化、每一次行步走位，小到连手指关节的动作，余叔岩都要求二人反复揣摩，精准展现。如此一来，孟小冬在学完第一出戏后，就已知道指头该使多大劲力去摇动扇子才能展现出人物的病态或是惰态。余叔岩的教学逻辑旨在引导孟、李二人学戏时"知其然，更知其所以然"，将每个细节都抠到极致。有时，甚至连一个撩袍端带的动作都需反复练习一整夜，直到余叔岩点头才算通过。而这套严苛的教学系统，在极短时间内，便帮助两人打破了思维定式，让他们重新去审视过往演出时所呈现的每一个动作、每一句唱词，再从外表上的泛泛功夫真正转为演员和人物高度统一的内在技艺：扮文人要有书卷气、扮丞相要有丞相风度、扮将军要有大将气派。这些看似简单的道理，真要落到实处，表演出来，就需要日复一日的精研与苦练。

师徒三人练功前留影

久而久之，孟、李二人越发感受到余派功力之深，尤其注重"内劲儿"，就像武学常说的内功，而余门的本事也全藏在里边。两人把以前学的、唱的全部推翻，不再只关注表面的呈现，而当他们由内而外，完全融入角色时，方知天差地远。待二人已知里边儿究竟是怎么回事后，余叔岩又要求两位徒弟完全代入角色，体会人物心境的变化。这一步对学习者来说更加困难，往往会陷入"旁观者清，当局者迷"的境地。常常，在旁观摩之人急

李少春之《战太平》公演时扮相　　　　李少春在《定军山》中饰演黄忠的扮相

得跺脚，但等到其本人开始练习某个动作后，才发现并非如自己想象中那般简单。

　　第一个月在孟小冬和李少春一人学习、一人观摩交替中结束了。因余叔岩的教学通常只在半夜进行，两人不得不从每日凌晨开始练至天亮结束，而这样日夜颠倒的学习需要强大的体力支撑。李少春因学戏阶段并没中断演出，而孟小冬亦因身体原因，即便推掉了所有演出专心学艺，两人的体力和精力都有些不支了。好在李、孟所学的第一出戏均很快达到了余叔岩的要求，两人可稍作休息，准备公演等观众们检验。

余叔岩在《定军山》中饰演黄忠的扮相

12月3日，李少春首先在新新剧院公演《战太平》，宣传海报上赫然印着一排大字："拜余叔岩为师后初次公演"。消息一出，附近的饭店几乎被从全国各地赶来的戏迷与梨园界的同行住满，大家都想一睹梨园界德高望重的余大贤与当红少年武生李少春之间能擦出怎样的火花。演出当晚，北平车水马龙、万人空巷，从北新华街的中央电影院，汽车一辆接一辆，一直排到西单，交通一度拥堵。因是李少春的首演，余叔岩也亲临把场，当他每一次出现在下场门台帘外时，观众便会向他报以热烈的掌声，掌声中既有对这位久未露面的梨园前辈之敬仰，更包含了对其能教出李少春这般高徒之赞赏。首场演出不负众望，让各界人士赞叹不已，高兴而来，满意而归。李少春也一夜之间成为更耀眼的新星。

虽然求学之路不到两月时光，李少春的出色表现既让余叔岩窃喜不已，也让余叔岩倍感骄傲，从此，他对这个爱徒更是器重有加。考虑到李少春平日演出繁忙，余叔岩还特意为他调整了授课时间，以便李少春有更多精力用于学习之上。此外，余叔岩还将余派看家戏《定军山》提前传授，并毫无保留地讲解其中各种窍门，讲解之细致，让李少春不禁暗暗赞叹余派戏之精妙，更痛下苦功，认真领会，勤学苦练。

紧接着，12月24日，孟小冬的《洪羊洞》首演（大轴）也在新新戏院揭开了神秘面纱。鲍吉祥配演八贤王，李春恒、裘盛戎分饰孟良和焦赞，慈瑞全饰老军程宣。在《战太平》获得巨大成功后，人们似乎对孟小冬的首秀寄予了更大的期望。于是，人们不得不花费更长的时间进行排练和完善《洪羊洞》，从服装、帽子、缎带到厚底、髯口，每一样都经过了余叔岩的精心挑选。排练时，慧文扮演柴夫人，慧清扮演杨宗保，琴师全程参与伴奏，每一部分都与台上一般无二，而余叔岩就在一旁指导与校正唱腔、身段。众人在范秀轩中反复彩排，直到余叔岩对每一个细节都点头为止。

孟小冬之《洪羊洞》公演扮相

演出当晚，余叔岩手持标志性的翡翠嘴旱烟袋早早出现在下场门口。台下眼尖的戏迷认出了他，便一齐大叫"余三爷"，吓得余叔岩急忙拱手退回，疾步走回化妆室。刚好，孟小冬已化完全妆，余叔岩瞧了一眼，眉头紧锁，即刻要求孟小冬洗脸，由他亲自重化。余叔岩手法娴熟，只是简单在孟小冬脸上敷了一层粉，接着又在眉眼之间和额头上淡淡抹了一点胭脂，随后让人拿了条热毛巾来，并趁热往孟小冬脸上一盖，顷刻之间，孟小冬的脸便呈现出不一样的光彩，即便在十分简单的妆容下，也显得鲜明润泽。

孟小冬上台前，看了眼余叔岩，余叔岩轻声递出一句"快死啦"，孟小冬便有了醍醐灌顶之感，顿时信心倍增。而这句看似不太吉利的打气之语恰恰是唱好《洪羊洞》的核心。《洪羊洞》主要表现的是杨延昭忧国忧民的心情，以及未能实现报国理想的内心痛苦。杨延昭周身是病，悲伤之余，虽为元帅，却已无声如洪钟之力气。因此，杨六郎由得病到命终，唱做需一步步趋向衰飒气氛，声音也应越来越弱，才可让观众对其产生叹息之情。为此，余叔岩在教授孟小冬时，只许孟小冬唱六半调，以呈现一种一直下沉的人物状态，直到末句，再用气若游丝、断断续续的方式去演绎最终的人物病态。

《洪羊洞》

【第二场】

（二更鼓。家院提灯上，杨延昭上。）

杨延昭（二黄原板）：为国家哪何曾半日闲空，我也曾征过了塞北西东。官封我节度使皇王恩重，霎时间身不爽瞌睡朦胧。

（家院下。杨继业、二鬼卒同上。三更鼓。）

杨继业（二黄原板）：听谯楼打罢了三更时分，进宋营见六郎细说分明。叫鬼卒急忙的大营来进，又只见我的儿瞌睡沉沉。叫鬼卒将他的阴魂推醒。

（杨延昭惊醒。）

杨延昭（二黄摇板）：猛抬头又只见去世爹尊。曾记得两狼山何等光景，哪有个人死后又能复生。父子们重相逢犹如破镜。

（杨延昭睡。四更鼓。）

杨继业（二黄摇板）：我的儿休贪睡细听分明：

　　（二黄原板）：儿前番盗父的尸骸回郡。这都是萧天佐弄假成真，父尸骸在北国洪羊洞。望乡台第三层那才是真，父本当与我儿多把话论。怕的是天明亮难以回程。

（杨继业下，二鬼卒同下。五更鼓。家院上。）

家院（白）：元帅醒来。

杨延昭（二黄导板）：适才间遇我父来到宋营，

　　（二黄摇板）：醒来时不由我遍体汗淋。

　　（白）：宣孟二爷进帐。

家院（白）：孟二爷进帐。

（孟良上。）

……

【第十场】

……

杨延昭（二黄摇板）：宗保儿跪床前听父教训：必须要秉忠心扶保乾坤。柴夫人，宗保儿，将我搀定，杨延昭离病床叩谢龙恩。再不能与我主把狼烟扫尽，再不能与我主在那万马军营。叩罢头抽身起站立不稳，

（四鬼同上。）

杨延昭（二黄摇板）：我面前站定了许多鬼魂。焦克明在一旁心怀愤愤，那孟、孟、孟佩仓笑嘻嘻，拱手相迎。小岳胜在一旁威风凛凛，

（白）：啊，

（二黄摇板）：猛抬头又只见去世爹尊。老爹爹在阴曹慢慢相等，等候了你六郎儿一路同行。叩罢头来抽身起心血上奔，

（杨延昭吐，三吐。）

佘太君（白）：保重了。

杨延昭（二黄摇板）：无常到万事休去见先人。

（杨延昭死，四鬼引杨延昭同下。佘太君、柴夫人、杨宗保同哭。赵德芳上。）

佘太君（二黄摇板）：一见我儿丧了命，

柴夫人（二黄摇板）：怎不叫人痛在心。

赵德芳（二黄摇板）：劝太君休得要珠泪淋淋，这一副千斤担有我担承。急忙忙将老帐二堂摆定，

（佘太君、柴夫人同下。）

赵德芳（二黄摇板）：叫宗保随定孤去见当今。

（赵德芳、杨宗保同下。）

（完）

有余叔岩把场，《洪羊洞》获得了意料之中的巨大成功。如果说，李少春是用少年天赋俘获了观众与行内人士的心，孟小冬则以重现余叔岩之感，

让众人看到了第二个"余叔岩"。

李、孟二人的首演均大获成功，余叔岩对两人亦充满了信心。一日，余叔岩叫来李桂春和李少春两父子，语重心长地对李桂春讲道："少春聪明伶俐，进步神速实在让我喜欢，虽然不到两个月就能有如此表现让人惊叹，但也万不可骄傲。我可以用五年时间，将我所知全部相予，只要少春肯学，我都会毫无保留。他现在年纪尚轻，很多事情还无法完全领悟。但有三件事我认为需要强调一下：第一，我希望少春能减少甚至停止演出，用更多的时间来学艺练功，以他现在的年纪和领悟力，学东西可谓神速。要知道，在最好的年纪沉下心来学艺，必然是最好的选择。你作为其父，不可短视，要为他长远考虑，那少春成为大师就指日可待了。况且，凭少春的天赋，何愁日后没有赚大钱的机会？"听到此处，李少春急忙插话："师父，我可等着赚大钱，赚了大钱就可以买好多条新的西装裤子了。自从跟着师父学身段，每次一进一出范秀轩都会磨破一条呢。"余叔岩与李桂春先是一愣，然后大笑。余叔岩边笑边接着说道："第二，希望少春从今儿起，停止演出猴儿戏，即便再卖座，也须忍着不演。学艺阶段，最怕就是毛手毛脚，影响正统身段。一招一式都须按照我所教授的来，不可做任何改动；第三，自然是不可演出未经我改正和排练过的剧目，也不可擅自出演小冬的戏。""可是，师父，我……"李少春眼里闪着不理解的目光，又一次打断了余叔岩的话。

"少春"，李桂春呵斥道："余老爷子说什么就是什么，你听着照做就好。"李少春只好点点头。余叔岩关爱地摸了摸李少春的头，笑着道："少春，师父说的这些，你日后定会明白。"

李少春艰难学完《定军山》后，余叔岩又为得意弟子选了一出身段更为复杂的戏《宁武关》。在学习《宁武关》的过程中，让李少春无数次闪过想要放弃唱戏的念头。余叔岩要求李少春去体会每一句唱词与每一个人物动作内里的劲儿，但对年轻的李少春来说，要做好《宁武关》表面上的一招一式都很难，还要同时去发掘形而上的"内里"，真是难上加难。对此，余叔岩百问不烦，变着花样讲解，并结合一些小故事，转虚为实。

在教授火场戏时，余叔岩一边示范动作，一边问了李少春三个问题："少春，若换做你，策马离家途中，突然看到家中着火，你会做什么呀？"李少春不假思索道："肯定先是一惊，然后，边拨转马头折返边四处呼叫救火。""对！那若你此时又得知你的母亲还置身火场之中，你又会怎么做呢？""定当快马加鞭，心急如焚。""好，说得好！那当你快马折返救母之时，你觉得你的马儿会是怎样的？"李少春瞪大眼睛："我的马儿？""是！你骑的那匹马儿。""我的马儿被我骑着呀。""那你觉得它会那么听话地被你乖乖骑着吗？""师父，我……我没听懂。"余叔岩笑笑，大声解释道："绝大部分人在演这场戏时，都只注意到骑马者的状态，如你所说，一定是焦急如焚的，对吧？而这样一来，那人就定会大力鞭马，对吧？"李少春点点头。"但极少人会考虑到，此时的马儿也会呈现出不同的状态。事实上，马儿见火必后退，它可不会有救母之人勇往直前的勇气。因此，人此时身子奋力往前，马儿的身子却应是向后的。接着，策马之人定会大力鞭马，越大力却越无效，人和马儿就会拧着，马儿的状态也会影响人的状态。那么，人此时除了心急火燎，还应具备什么情绪？"李少春托着下巴想了想，突然拍起手来："无可奈何！""对！对！无助无力，无可奈何！这就比单单表现'心急如焚'要精准得多啦。少春，你要记住，我们唱戏之人，最讲究的便是唱出'戏味儿'，光有好嗓子、好功夫还不行，关键要知道如何用你这天赋，通过优美的唱念和准确的做功身段将所扮演人物的语言、情绪及思想表现出来，要恰如其分，要让观众以为你就是那个人物，而不是你本人；你就在那情景中，而不是在舞台上。如果唱戏没了这个'戏味儿'，那和唱歌就没什么区别，也就了无生趣了。不过，这'味儿'吧，是无形的，凡是无形的东西，都需要长时间地慢慢体会，静静领悟，方能让这'味儿'在无形中形成实物，变为你自己的本事。"

津津有味地听完余叔岩这番讲解，李少春似懂非懂，但又觉奇妙无比。

余叔岩教授《打渔杀家》片段

余叔岩为李少春示范《打渔杀家》身段

之后，在学《宁武关》的每一句新唱词和每一个新动作时，李少春都会有意识地跟随余叔岩的讲解，联想人物当时所处环境与情绪状态的画面。日复一日，举一反三，学完《宁武关》后，李少春突然意识到，从此时开始，再学其他任何戏，似乎都变得驾轻就熟。

李少春进步神速，年少气盛，竟有点飘飘然了。而李桂春只看到李少春的成功，却将余叔岩之前讲的话全部抛诸脑后，一心想要趁热打铁，让李少春超越其姐夫李万春。为了生计与竞争，李桂春不仅依然让少春奔赴各地演出，还四处大演猴戏。甚至在几个戏院的说项下，竟违背了与余叔岩之间的约定，偷偷在天津贴演旁听学到的本不属于他的一些剧目，像《洪羊洞》和《状元谱》，而且海报上还赫然印着"余叔岩亲授"的字样。演出虽卖了满堂红，却着实辜负了余叔岩。

纸终包不住火，何况是在梨园界内。很快，李少春在全国各地爆红的消息便传回了北平。余叔岩得

余叔岩与李少春合影

知后大失所望，不但他担心的事情发生了，连他还未担心到的事情也发生了。但因太过喜欢这个徒弟，又考虑到李少春背负着剧团和家庭双重负担，余叔岩还是表达出可不计前嫌，继续教授的意思。而李少春则因越来越红，演出活动日益频繁，已抽不出时间到余府接受系统学习，久而久之，竟不再登门。

前后相加，李少春在余门学艺的时间不到三个月，从《战太平》到《定军山》再到《宁武关》，光是这三出全戏，已让李少春的技艺上了不少台阶，再加上半出《洗浮山》，《打侄上坟》和《四郎探母》的"回令"片断，以及随孟小冬旁听的《洪羊洞》《打渔杀家》和《秦琼卖马》几出文戏，足以让李少春受益一生。

拜入余门之前，年纪尚轻的李少春对学艺一事就已有一番自己的见解：他认为唱戏不能死抱着一棵树，啃完树叶，再啃树皮，应当是放步园林，择木而取。这也是为何李少春在如此艰难地拜师余叔岩后，不到三月，又轻言放弃的原因之一。离开余门后，他秉承着"戏路宽广，博采众长"的原则，再拜周信芳、盖叫天、张伯驹等人为师。数年之后，他的文戏唱腔清醇，身段优美，表演细腻；武戏长靠短打皆精，猴戏气度飘逸，身手矫捷，不拘泥陈规，善于创新，被行内行外称为"李神仙"，能演各种行当的各种角色，生旦净末丑，文武昆乱不挡，样样皆会而精。可以说，成也"全面"，败也"全面"，文戏李少春称不了第一，武戏也算不上魁首，但集文武于一身者，李少春无敌手，并创造了文武老生行当，成为无人能及的第一文武老生。其常演文武老生戏剧目有《战太平》《定军山》；武生剧目有《挑滑车》《两将军》《长坂坡》《战冀州》《恶虎村》《三岔口》《武松》《连环套》《八大锤》《金钱豹》等；猴戏有《水帘洞》《闹天宫》《智激美猴王》《五百年后孙悟空》《十八罗汉斗悟空》等；新编、改编之古典历史戏代表剧目有广为传唱的《野猪林》《响马传》《将相和》《满江红》；新中国成立后的现代戏有《白毛女》《红灯记》等。余叔岩独具慧眼，为李少春打下了一个够用一生的坚实基础，却无法一路见证这位爱徒的辉煌舞台史，这也成为余叔岩此生最大的遗憾之一。

义无反顾　深造五年

李少春离开后，孟小冬生怕余叔岩郁闷，便增加了学戏时间以作陪伴。因余叔岩只剩孟小冬一个徒弟，教授时多有不便，但凡孟小冬在场，余夫人或姚氏就必定在场，或慧清、慧文也需继续伴学。不过，与其说伴学，不如说同乐，此时，孟小冬和两姐妹的关系已发展到亲如一家。除了学戏，三人常约玩耍，待在一起总有讲不完的话题与止不住的笑声。慧文原本就喜皮黄，经常与孟小冬谈论与分析各大名伶之绝技，总能带给孟小冬一些意想不到的想法；而惠清，虽不喜唱戏，但学习能力甚强，伴随孟小冬学戏的过程中，竟暗中为姐姐想出一个完善学习的方法。

因余叔岩讲课时，只允许默记，以此锻炼学徒的记忆力，但此时的孟小冬已过而立之年，全凭头脑记忆略感吃力，但又怕余叔岩不高兴，只好每每离开余府后，再回家挑灯夜记，大大增加了工作量。由于心疼姐姐，惠清将在高中学堂学到的乐理运用到伴学当中，上课时，她在一旁迅速用简谱记录唱腔，一下课，就将简谱偷偷交给孟小冬。从此，那些难记的小腔就无需孟小冬再绞尽脑汁地回忆，现成的课堂记录便能帮她查缺补漏，事半功倍的方法亦让其进步神速。

除默记之外，余叔岩教授时还有一个诀窍，即不可唱高调，一般从F调或#F调开始，力求无论高音还是中音，均要悦耳动听。这不仅打破了孟小冬以前演出时从正宫调或乙字调开始的习惯，对琴师的要求亦十分之高。因一般琴师均喜拉高调门，演员不能不配合，而以往的规矩是琴师拉什么调门，演员就唱什么调门，因此，伶人向来都不敢得罪琴师，否则上了台便有苦头吃。由此可见，若能得到一个好琴师辅佐在旁，孟小冬的学戏之路应更为顺遂。

因当年嫁到梅家，孟小冬只能暂别孙老元这位头号琴师，可待她重归舞台之时，孙老已于上海去世。好在，年轻一辈的琴师中，孟小冬也有一个不二人选。于是，她向余叔岩推荐了与她合作过多次的王瑞芝，希望王能与她每日同登余门。余叔岩当即答应："叫他来，我听听。"王瑞芝果不负众望，当场以绝佳的琴艺折服余叔岩，接替曾经为余叔岩吊嗓的李培清、朱家奎，成了余叔岩的兼职琴师，同时，也顺理成章成为孟小冬的专职琴师。从此，余、孟、王三人组成了一个新的"铁三角"，无论酷暑严寒、打雷下雨，每日均准时准点在范秀轩不见不散。

琴师王瑞芝

继《洪羊洞》之后，孟小冬在范秀轩进修的第二出全戏是《捉放曹·宿店》。与《洪羊洞》相同的是，《捉放曹·宿店》是孟小冬此前公演次数最多的剧目之一，并经言菊朋、程君谋与鲍吉祥等多人指点过，算是她最为熟悉的一出。不过，到了余叔岩手中，这出戏以前的一切就须全部忘记，从第一场第一句重新学起。只要有一个字口劲不对，就得反复练习整句，有时，为了纠正一个字，孟小冬可能一星期就只学唱一句，直唱到余叔岩满意，才会开始下一句的教学。在教授这出戏时，余叔岩还不断向孟小冬强调："心中有人，眼里才有神，你是你演的人，你不是孟令辉，不是孟小冬，不是'冬皇'，你就是陈宫（剧中捉放曹操的县令，为人慷慨重义）。"

这几句点拨之语被孟小冬深深烙在了心上，但她也知，要达到演员与人物合而为一的状态，光是学好每一句唱词气韵、每一个做功身段必定远远不够。只能拿出比之前学《洪羊洞》时更多的耐性与精力，慢慢揣摩钻研。于是，孟小冬请王瑞芝依照慧清教给她的方法，上课时，帮忙用简谱记下一些小腔，下课后将简谱交给她复习，第二日课前吊嗓之际再帮自己核对校正。

在如此严苛的学习过程中，孟小冬从未抱怨过一句，她锲而不舍地学，不分昼夜地练，不禁让王瑞芝暗暗惊叹其坚韧不拔的毅力。王瑞芝忍不住多次向孟小冬询问是否还能坚持，孟小冬总是淡淡回道："这样学固然辛苦，可一旦学会就成了自己终生的本事。况且师父老人家身体也不好，还日复一日地耐心教授。既来之则安之，不负师门，不负自己。"

除了固定的三人学习班底，每日光临余府的还有四员大将：每晚准点登门，不待到天亮绝不离开的前清举人"张天亮"；每日巡逻时至少会"不经意"经过余府三次的警官"马三趟"；一到晚饭时间必出现的警察署长"周白吃"；与余叔岩一吊完嗓必接唱，唱得乱腔乱调却永远自信满满的"陈好唱"。这四位"余门大将"，是余叔岩来自不同行业的至交好友，和余叔岩有着长达数十年的交情。自余叔岩不再登台演出后，四位大将便每日登门，风雨无阻，与余叔岩亲如一家。

每晚8时起，范秀轩人声鼎沸，充满欢声笑语。孟小冬注意到，余叔岩虽在行内是出了名的难接近、脾气怪，但其实交友甚广，朋友众多，票友、文人墨客、军政人士、梨园同行，只要和他脾气对路、爱好相同，他便以诚相待，有客必迎。薛观澜、李育庠、张季馥、李伯芝、张伯驹、窦公颖、周润甫、陈德霖、杨小楼、余振庭、阎岚秋、钱宝森、贯大元、王少楼、赵贯一等名流名家均是余府的常客，而那些外地的朋友，也是到京必访。余府原本人丁单薄，加上下人才几口人，而这些朋友恰好充当了余叔岩家人的角色，每日人来人往，人气十足，很快让余叔岩忘记了"丧"徒之痛，将注意力和精力完全放在了孟小冬身上。

余叔岩、张荣奎于余府练功时留影

作为余派现今唯一的传人,孟小冬的事业更是如日中天,身价百倍。但她毅然放弃了眼前之利益,不顾其母张云鹤的反对,谢绝一切演出活动,全心全意投入深造学习当中。实际上,张氏的反对并非没有道理,自小冬拜师余门,演出骤减,加上不时给余叔岩送这送那,打点各处,生活基本处于入不敷出的地步。好在孟小冬的背后还有来自正值盛年的杜月笙源源不断的支持,无论物质上的输送,还是精神上的勉励,远在上海的杜月笙均给予大力支持,才得以让孟小冬立雪余门的愿望实现。

每日,王瑞芝先到东四三条孟宅,花费约莫3小时时间帮孟小冬吊好嗓子,晚饭后两人8时准点出发,一同前往椿树头条余府。不施粉黛的孟小冬坐在包月人力车里,王瑞芝则在一旁骑着自己的黑色弯把自行车。他把胡琴别在腰上,墨镜架在鼻梁上,蹬车速度不快不慢,始终与人力车并驾齐驱。椿树胡同这一带,住满了梨园界大师,藏龙卧虎,高手云集。路途中,会经过椿树三条西口的荀慧生家、椿树二条里狭长的椿树胡同的尚小云家,以及位于椿树头条北面麻线胡同的杨宝森家。有时,孟、王二人会顺带叫上在杨宝森家吊完嗓子的张伯驹,三人同行,一路有说有笑,不一会儿工夫就能抵达目的地。

而余府则是从下午3时起,就得开门迎客。不同的客人陆续到来,聚集在客厅饮茶闲聊。晚饭时间,余府需另开一到两桌,以招待当日登门的客人。

待孟、王二人到达余府时,众人都已等在范秀轩准备一睹余、孟师徒二人的风采。

夜晚的椿树胡同也格外热闹,从余府传出的吊嗓声总能吸引一大批余迷。自余叔岩1928年告别舞台后,余府成了唯一一处可觅得正宗余音之地。平日里,余迷们会早早搬个板凳来抢占大门口的最佳位置,晚来的则只能远远站着极力竖起耳朵听,有时可能什么都听不见,就靠自己想象。有些胆儿大的余迷喜欢另辟蹊径,不顾自身安危,爬上墙头,攀登屋顶,自诩古时候的大侠剑客,只为一听久违的余音。早前,还有些头脑灵光、手头松活儿的余迷则买通了门房,让他们躲在过道里听,以达到最佳"听音"效果。但时间一长,被余叔岩发现,便罚了门房,并从此让下人巡逻检查,"过道听戏"的福利也被取消了。

值得称奇的是,在众多每日蹲守余府听吊嗓的戏迷中,竟有一位成了日后余派艺术的代表人物,此人乃是杨宝森。杨宝森十分迷恋余腔,但因种种原因,一直未能踏入余门。虽然每日趁张伯驹在其家吊嗓时,可窥探余派门径,但还是不甚过瘾。无奈,一面羡慕能亲临余府的张伯驹,一面只能暂时当个守在余府门外的守夜者。

除了超凡的技艺外,余叔岩最为人津津乐道的是其日常生活。余大贤的作息较老一辈伶人相比,尤其特别。他习惯睡到中午,下午迎客,玩一会儿再睡一会儿,晚饭后练习书法,临米芾的字帖,再以工整的小楷抄写剧本。接着又在卧榻上躺一会儿,打个盹儿,吞云吐雾一番,烟瘾过足,才精神抖擞开始教戏。

余叔岩生活照

而余叔岩的爱好亦甚多，尤爱花鸟鱼虫。早先以养鸽为主，并因此与养鸽能手、中医大夫李适可结为了莫逆之交。那时，李适可隔三岔五就为余叔岩送来上品鸽子，时常在余府一待就是整晚。余叔岩吊嗓之际，李适可在一旁认真欣赏，却从不谈论皮黄之事。直到多年后的一天，当余叔岩偶然听到了李适可灌录的《沙桥饯别》唱段，与自己在家吊嗓所唱别无二致时，才恍然明白李适可的原本用意。对于这位在余府"卧薪尝胆"多年的好友，余叔岩未有丝毫指责，而是亲自灌了一张同名唱片，让同行朋友们挨个对两张唱片对比点评。得知此事后，李适可羞愧难当，从此再也不敢踏入余家大门，而余叔岩则对养鸽一事，也一下失了兴趣。

鸽子"飞走"后，余叔岩便将精力转投蛐蛐儿处。那时，京城斗蛐蛐儿风气正盛，梨园界许多名人都加入了喂养蛐蛐儿的行列，像谭鑫培对斗蛐蛐儿一事儿就甚为迷恋，不惜斥巨资四处求购名品蛐蛐儿，连装蛐蛐儿的各式瓦盆也收集了数百个。余叔岩亦不甘示弱，各种蛐蛐罐堆起来可摆放六七桌，而且几乎全是名品，更有来自明朝的刻有"赵子玉"款识的古董珍品。

由于蛐蛐儿数量众多，余叔岩还专门请了一位蛐蛐把式，帮忙照看和喂养蛐蛐儿。有趣的是，蛐蛐把式老潘可算一专多能，除了本职工作，还拉得来两下京胡。有时，王瑞芝和孟小冬未到之前，老潘就暂时充当琴师的角色，在客厅拉上几段，配合先到的宾客过过戏瘾。虽说琴技较王瑞芝差了十万八千里，但老潘还是自信满满，常笑言道："山中无老虎，猴子称大王。"会拉琴倒不足为奇，但老潘的另一项绝活儿就足以让人啧啧称奇：只要想睡，就能立即睡着。无论坐着还是站着，无论置身家中还是行在路上，只要老潘眼睛一闭，就能立即进入梦乡。从此，竞猜老潘几时睡着，以及在哪里睡着成了余府上下众人的逗乐之事，有老潘在的时候，就不缺笑声。不过，后来余叔岩因经常出入医院，有些爱好便无法继续，像养蛐蛐儿这个爱好便慢慢淡了下来。老潘见余叔岩身体抱恙，自知饭碗不保，于是帮余叔岩处理好家中的各种名贵蛐蛐罐儿和蛐蛐儿后，便去往南京，另谋出路了。

情深义厚　师徒永诀

　　1941年夏初，余叔岩的尿血症突然加剧，不得不入院治疗。协和医院的泌尿科主任医师谢元甫认为必须立即手术，并主刀为余叔岩切除了膀胱肿瘤。手术获得成功，但余叔岩需住院三个月。由于术后需采用一条皮管插入膀胱导尿，皮管必须每天清洗，十天到半月，就需换新，这就导致余叔岩的行动十分不便，更需有人长期在旁，孟小冬便自动请缨，协助姚氏一同照顾余叔岩。

　　余叔岩住院期间，前来探病的好友络绎不绝，其中，一位老熟人让余叔岩印象极深，此人便是蛐蛐把式老潘。老潘拎着大包小包的南京土特产来到医院，一进门，便冲到余叔岩面前，两眼含泪地说道："余三爷真是消瘦了不少啊。"余叔岩还没来得及开口询问老潘境况，老潘便直接紧握余的双手，感激涕零，声情并茂："余三爷，这些年沾了您的光，我在南京混得不错，也赚了一点钱。本想着早点回来看望您，谢谢您，但一直没找到合适的机会。"余叔岩笑着回应："你现在在南京做什么呀？""拉琴。"余叔岩先是一愣，然后扑哧一声，放声大笑道："哈哈哈哈……这不，果真让猴子称了大王……哈哈哈哈。"

　　原来老潘当年到了南京之后，发现没人玩蛐蛐儿后，就一直以"余叔岩御用"琴师自居，给人拉胡琴吊嗓子，有时说说余派艺术，讲讲余叔岩吊嗓时的习惯和趣事，很多南京票友便误以为余叔岩身边真有一位潘姓琴师，此事一传十十传百，找他拉琴的人也越来越多。虽说老潘不是故意撒谎，但他将错就错，半吊子琴技也让他赚了些钱，足够负担其在南京的生活。

老潘有点不好意思地继续说道："余三爷，如果今后有人向您问起，有没有我这位琴师的话，您就说……"余叔岩立即打断："我就说老潘在我家待了好多年，是我余叔岩的专职琴师。"老潘未曾想到余叔岩不仅毫无责怪之意，还一口答允，于是将其双手握得更紧："余三爷，望您早日康复，您一定会长命百岁的，万岁万岁万万岁……"

老潘的祝愿似乎十分灵验，中秋节后，余叔岩恢复情况不错，被允许出院回家静养，医院特派助手医师每日上门清洗消毒。余叔岩的病痛逐渐缓解，身体亦一天天好转。不久，余府又恢复了往日的热闹，每日登门的客人如往常一般络绎不绝。

当众人都以为余叔岩的生活已恢复平常之际，1943年的春天，余叔岩的尿血症再次发作，此次来势汹汹，竟恶化到小便中仅剩血而无尿了。恰逢此时协和医院已被日本人没收，谢大夫等人早已逃离北平，不知去向。导尿的管子无处购买，病情恶化也无法得到及时治疗，余叔岩时常昏厥，自知病入膏肓，已时日无多，便叫来夫人、三个女儿、孟小冬，好友窦公颖、周润甫、李稚齐等人嘱咐后事，处理遗产：现款的十分之二用于治丧，十分之三捐赠社会以做公益，剩下的一半由一妻三女分得。

余叔岩还特别叫孟小冬进房，语重心长地跟她讲道："小冬，世间继承我衣钵的唯一一人便是你了。若是我熬不过这劫，你的学习也不可间断。我教给你的每一出戏，一字一句，每一个身段做功都要经过千锤百炼，需反复领会研究。我已把我祖传的剧本儿、一直收藏着的亲自订正过的手抄本儿、公尺曲谱本儿，还有曾经跟你师公谭鑫培学戏时的笔记、照片儿等物打包好，全部放在你师娘那儿，等我走后，她会将这些物件转交给你，保你一生受用。学戏之事，从不是一蹴而就，别说这五年，未来的十年、二十年，甚至更长的时间，你都应继续钻研，不可自满。"孟小冬热泪盈眶，感恩于心。

在余叔岩病重的这两年中，孟小冬的生活轨迹两点一线，除了照顾余叔岩之外，就是出入邮局，取些杜月笙邮来的钱物，或是和杜书信来往，听他讲述上海的局势。其间，孟小冬一直侍奉汤药，细心照料，从不喊累。但有时侍奉在病床边，非时时都能注意保持师徒间的距离，不经意间已招致姚氏的不满，但因考虑到余叔岩需要照顾，慧龄年纪又小亦需要照顾，姚氏按住不表，让孟小冬误以为自己做的一切都恰如其分。

1943年5月19日下午4时，因抢救无效，余叔岩与世长辞，终年五十四岁。余叔岩去世的消息不仅震动梨园，北京乃至全国都为痛失这位梨园一代宗师而陷入悲伤的氛围。梅兰芳、张伯驹、张厚惊闻噩耗，均连夜含泪亲书挽联，并托人送到公祭现场；正在上海演出的李少春得知消息，当场中断演出，火速北上，一路大哭，赶到灵堂，抚棺痛哭，守灵一夜。公祭当日，由孟小冬、李少春、余叔岩外甥女婿程砚秋、拜师未成的票友陈大濩四人扶棺，回族人赵贯一还违背传统破例参加了随汉族风俗的送殡仪式。公祭开始，内外亲戚于灵前焚香烧纸，前来凭吊之人络绎不绝，站在余叔岩的遗像前鞠躬磕头，久久不愿离开。

公祭仪式接近尾声之际，余叔岩继配姚氏领着六岁的三女儿慧龄，来到灵柩旁。两母女先是放声大哭，然后一起向余叔岩遗像行了一个大大的跪拜磕头礼。之后，姚氏向站在一旁的两个佣人递了个眼神，两人便立即送来两个用旧布包裹的大包袱。接着，姚氏做了一个"开"的手势，于是两人一人打开一个，将包裹中的物件一样一样取出，又一样一样地扔进了正熊熊燃烧着的铜鼎大香炉，顷刻间，皆化为灰烬。一旁的众人都看得十分真切，那些物件中既有书本，也有照片、戏衣。

正当大家面面相觑，疑惑连连之际，姚氏镇定自若地解释起来："刚才烧的全是叔岩生前最心爱之物，既然如此宝贵，拿来殉葬也应是叔岩所愿。以前的梨园界老前辈，大都希望在临终前看着自己积累了一生的珍贵之物被烧掉，才能安心离去。叔岩生前没关照要交给谁，也没机会看着它们被烧掉，因此，今日劳烦在场的诸位做个见证，一同帮叔岩了了这份心愿。"在场有人小声嘀咕道："这些物件看起来像是余大贤的手抄本，恐怕具有传世的价值。全烧了实在是可惜，望夫人三思。""是呀，姚夫人，余大贤走得突然，若是在世，应是想把这些珍贵之物留给后人的，就这样毁了对梨园界来说，真是莫大损失。况且，余大贤现在并不是没有传人。"说到此处，众人均望向孟小冬。姚氏也瞥了孟小冬一眼，接着又说："当然，我也思虑过这件事，但叔岩生前并未关照，想必也有他自己的缘由，我做妻子的，能做的就是尊重夫君的决定。"众人越听越觉得离奇，但因这是送殡的日子，不好再起争执，又认为这是余家之事，外人不好插手，也就不再赘言。

在场众人当中，唯有孟小冬深知姚氏此举的真正原因：从五年前自己拜师余门的第一日起，姚氏就极度不情愿，随着她和余叔岩的师徒关系愈加亲密，姚氏的醋意便日益渐增。尤其最后这两年的贴身照顾，让姚氏妒火攻心，孟小冬自知多说无用，只能强忍泪水，看着师父承诺留给自己、留给梨园的宝物一件一件被姚氏付之一炬。孟小冬痛心疾首，又无可奈何，差点当场晕倒，只能扶墙站立。众人皆以为孟小冬因余叔岩去世而过度悲伤，纷纷上前安慰，但孟小冬此刻内心的双重痛楚又有何人能明了？

祭奠已毕，晚7时，各经坛法事功德圆满，举行送灵仪式。由余氏女公子慧龄捧灵；余夫人及弟子孟小冬、李少春、程砚秋等数十人均着孝服相送。送灵行列一片缟素，满街白矣。最后由孟小冬、李少春、程砚秋、陈大濩四人扶棺，送到永定门外余家坟地入土。

看着余叔岩长埋地下，孟小冬百感交集，五年的精神支柱好似突然倒塌了，孟小冬又一次一病不起。经过几个月的休养，孟小冬身体才略有起色，当众人以为这位唯一的余派传人可以复出表演，大放异彩之时，孟小冬却以"为师心丧三年"为由谢绝登上舞台。

从此，孟小冬又开始了足不出户的生活，每日听广播了解抗战的紧张局势，偶尔与杜月笙书信来往，听杜月笙讲讲他临危受命，奔赴陪都重庆的情况。孟小冬一面为处在前线的杜月笙担惊受怕，一面又相信以他的能力凡事皆能化险为夷。偶尔吊嗓之时，孟小冬的眼前总会浮现余叔岩在烟榻上教戏的身影，就连空气中似乎也飘散着当时教学地的大烟味道。于是，孟小冬在孟府的一角也留了一小块地，作她自己的烟榻。每当孟小冬学着余叔岩的样子，在烟榻上吞云吐雾之际，外界的纷扰好似顷刻间烟消云散，一切皆空。当然，如此静养之法，也让孟小冬的身体一日不如一日。

回顾这些年埋头苦学的日子，基本上除了公演外，孟小冬推掉了其他所有演出。五年之中，孟小冬共学会近30出余派戏，其中有10出是余叔岩逐字逐句、连唱带身段地教授，每一个动作、每一句唱词都经过了千锤百炼，有《洪羊洞》《捉放曹》《搜孤救孤》《击鼓骂曹》《失空斩》《武家坡》《乌盆记》《二进宫》《珠帘寨》《御碑亭》；旁听的有《战太平》和《定军山》；整体加工精进的有《探母回令》《游龙戏凤》《黄金台》《盗宗卷》《南阳关》《一捧雪》《法门寺》《李陵碑》《打渔杀家》《法场换子》《状

余叔岩在最负盛名的代表作之一《珠帘寨》中饰演李克用的扮相

孟小冬在《珠帘寨》中饰演李克用的扮相

元谱》《琼林宴》《宫门带》《八大锤》《辕门斩子》，这些剧目中的零星唱段是余叔岩在病榻之上零散地教授的。那时，他常用大烟枪在空中比画，偶尔需要重点强调的身段，便勉强起身，拖着便鞋，示范几个动作，但因师徒二人默契十足，不需余叔岩多费唇舌，孟小冬便能即刻领会。

如今，每当孟小冬置身于自己的烟榻上，余叔岩曾经最常说的那几句话，便会不断回响在孟小冬耳边："青年人不能浮华，好虚荣，需时时谨慎，处处谦虚。"事实上，这也是除了戏曲之外，余叔岩教会孟小冬最宝贵的东西——伶人的艺德。

【第五回】 随杜迁港 终成眷属

1945年8月15日，日本宣布无条件投降，这意味着中国在经历了艰苦卓绝的八年抗日战争后，终于迎来曙光。为庆祝抗战胜利，久未露面的孟小冬答应与程砚秋合作，通过广播电台向全国播唱《武家坡》以示庆贺。程砚秋在北平沦陷时期，为避免成为日军的消遣工具，整整两年一直隐居在西郊青龙桥务农。而孟小冬此次的短暂复出，全因她为了表达对程砚秋高尚民族气节的崇敬之情，才一口答应的。

　　对于两位隐世已久的梨园界大腕，人们自是充满了热情与期待。两人合作的消息一见报，戏迷们便开始倒计时等待，不料广播当日，孟小冬又突然抱恙。为了不失信于翘首以盼的戏迷听众，孟小冬仍然抱病去到电台，先唱了一句导板"一马离了西凉界"，再由对余派艺术颇有研究的余叔岩未入门弟子杨宝森从原板开始接唱，直至唱完此戏。小小的广播室挤满了赶来一睹孟小冬与程砚秋风采的电台工作人员，场面很是热闹，但孟小冬却独自坐在一旁，微闭双目，静静感受着这举国欢庆抗日胜利的重大时刻。

　　抗战结束后，杜月笙也得以从重庆回到上海。自抵沪第一日起，杜月笙的脑海里便全是孟小冬的身影。这些年战事频发，杜月笙辗转多地，自顾不暇，而与孟小冬之间的书信往来成了他每每处于险境当中的最大精神支柱。在重庆那段最艰难的日子里，杜月笙总是想着，只要有朝一日能成功归来，就立即把身在北平的孟小冬解救出来。于是,杜月笙第一时间让黄国栋发了一封挂号信,叫孟小冬收拾包袱,即日启程。

到达上海北站后,孟小冬直接被杜月笙安排好的轿车接到了公寓处。一别数年,两人四目相对时,都不禁流下了激动的泪水,而孟小冬对杜月笙的复杂情感几乎在这些年的交流之中转成了真正意义上的男女之情。在北平独居的日子里,她也曾数次梦到过杜月笙;在与杜月笙失联的那一段时间里,她也曾无数个夜晚因担心身处抗日前线的杜月笙的安危而辗转反侧。此时,孟小冬已三十有七,长期吸食大烟的习惯虽让她看起来有些憔悴,但在她的脸上,似乎依旧看不见岁月的影子。她那清丽的容貌与纤细的身材,一下让杜月笙恍了神,杜月笙一把将孟小冬揽入怀里……

将近六十岁的杜月笙　　　　　　将近四十岁的孟小冬

杜寿义演　广陵绝唱

不知不觉，杜月笙和孟小冬在公寓一住就是十几日，竟对周遭发生的事情全然不知，这十几日的时光如梦如幻，似乎将两人这些年的思念与疲累一扫而空，而杜月笙多年来在重庆患上的失眠症也一下不治而愈。自此，杜、孟二人开始了半公开的同居生活。

杜月笙稍作整顿，重新经营起自己在上海的公司、房产和银行。虽然阔别上海已久，加上这些年为支持抗战，杜月笙几乎捐出了自己一半财产，但杜月笙在上海的地位依旧如前。

杜月笙于上海剩下的产业得以保全，其中，最功不可没的当属管家万墨林与账房先生黄国栋。1940年，由于杜月笙提供的有效情报，担任日伪上海市长的大汉奸傅筱庵被军统刺杀，因遍寻不到杜月笙，日军就将滞留上海的万墨林抓进了著名的日伪魔窟——76号特工总部，并对其实施了长时间的严刑拷打，但万墨林一路咬紧牙关，没有透露丝毫口风。数日后，在杜月笙的多番运作下，方才被释放。万墨林颇有民族气节的行为不仅让恒社上下极为敬佩，也让杜月笙对其更加信任，从此，杜家大小私事皆放心交给万墨林；黄国栋则一直尽心尽力维护着杜月笙的沪上产业，将其打理得井井有条，即使在抗战时期也未受到多大影响。有了万、黄这两位得力左右手，加上恒社的一众门徒，杜月笙想要迅速重整旗鼓，也并非极难之事。

在杜月笙回归忙碌之际，孟小冬也没让自己闲着。恰逢银行界大亨吴普

孟小冬与杜月笙于上海合影

心在上海经营的一家艺术沙龙请来了孟小冬的老友琴师王瑞芝，于是，孟小冬又有了新的去处。同时，孟小冬也开始试图让生活恢复到学艺时期的充实，除了有时去书场听说书和京韵大鼓，她基本都待在吴普心的艺术沙龙，与王瑞芝、许姬传、谭敬、张葱玉等名人雅士一起吊嗓、鉴赏字画。白日众人相聚甚欢，获益良多。傍晚回到公寓，等待她的还有对她无微不至的杜月笙，这让孟小冬沉浸在了久违的幸福之中。

不管杜月笙白天有多忙，每晚返回公寓后，都一定会陪着孟小冬聊天。由于杜月笙此前在书信之中报喜居多，鲜少报忧，因此，他所经历的大部分危机时刻孟小冬都鲜少知晓。不过，即使事后再听杜月笙轻描淡写地讲起那些故事，孟小冬仍会感到心有余悸，暗暗为杜捏一把汗……

1937年七七卢沟桥事变爆发后，日军大举进攻上海。8月13日，淞沪会战正式爆发，时任国军第八十八师五二四团团长谢晋元决定亲率一个营的官兵，留守上海闸北牵制日军，掩护国军后撤。军人们英勇杀敌、不畏牺牲的精神不但激发了在苏州河畔隔岸观战之民众的爱国情，也让众人不禁慨叹战争的残酷。很多民众志愿加入"四行仓库保卫战"，其中，便有不少恒社弟子抱着满腔爱国热情，成为"八百壮士"之一。

战事告急，作为当时上海第一大势力恒社的领头人，杜月笙自然成为被国民党拉拢、利用的第一人。8月24日，蒋委员长突然委任杜月笙"军事委员会苏浙委员会中将委员"的要职，面对这突如其来的"军事加冕"，杜月笙虽感到有些震惊，但也立即向蒋介石表明了誓死效忠，协助抗敌的决心。不久，杜月笙便召集恒社众人，集合上海各方势力，成立了"苏浙行动委员会浙沪别动队"和"抗敌后援会"，由他亲自指挥作战。

一旦上升到战争层面，过往的帮派之争似乎就显得微不足道。对于此时的杜月笙而言，在前线的所见所感使其莫名燃起的大局观、爱国之心与民族气节已然高于一切，而过去干的那些赌场、烟馆等营生也顷刻之间变得不再那么重要。很快，杜月笙主动关闭了自己在上海的大小赌场与烟馆，并担任了上海市禁烟委员会主任委员，以此监督自己带头戒烟。不料，淞沪防线在日军的凶猛进攻下，不到三个月便全线崩溃，而驻守在四行仓库的四百五十余位青年军人在越过苏州桥后撤时，也仅剩一百余人。

11月末，杜月笙带领全家逃到香港之际，蒋介石又任命其为"中央赈济委员会常务委员兼港澳救济区特派员"，并命其利用地理优势，在物资上帮辅国军。

天有不测风云，杜月笙抵港不到半月，日军偷袭珍珠港，导致太平洋战争爆发，香港被日军占领，不久后沦陷，成为"死港"。杜月笙只好跟随中央赈济委员会战略转移，只身从香港远赴重庆，先与蒋介石会合，而杜家其余的人则被安排在一个月后分批抵达重庆。本以为转移重庆只是权宜之计，未想一待就是三年。三年期间，杜月笙始终生活在水深火热之中，蒋介石对他的态度亦如同变幻莫测的战争局势，忽冷忽热，忽高忽低，使得杜月笙空有保家卫国的抱负却无处施展。但杜月笙始终怀着浓厚的爱国情与使命感，长期奔波于渝、港两地，不辞辛劳，奋斗在抗战前线，甚至在一次飞往香港的途中，因遭遇日本空军的突袭，飞机躲避急升8000米高空，让杜月笙从此落下了严重的哮喘病。

抗战胜利前夕，杜月笙被蒋介石派回上海。本以为蒋会依据自己这些年为国军所做之贡献，任命自己为上海市市长，杜月笙对返乡一事自是甚为期待。然而，当他率领几个心腹弟子、私人医生及秘书一行十余人浩浩荡荡从重庆出发，一路辗转，意气风发地抵达上海之际，却发现上海市长早已另有人选。

1945年8月15日，全国上下欢声雷动，四处敲锣打鼓。杜月笙从公寓窗户望出去，上海街头万众欢呼。恍惚间，他觉得民众不仅在为胜利庆祝，同时也像是在喜迎他这位在抗战期间做出了贡献的上海滩新市长。不过，终究是一场黄粱美梦，市长做不成也罢，只是没有值得向周围人炫耀的事了。

孟小冬每每听及此处，都会连声安慰杜月笙，温柔说道："你说你在上海滩谁人不知，上海这个烂摊子只有你杜月笙收拾得下来。可是，月笙，现在做这个市长也不是什么容易的事情啊，毕竟，上海已经不是从前那个上海啦，但上海始终还是你的上海呀。"听得这几句俏皮的安慰话，杜月笙总会笑得合不拢嘴，他也更加坚定：此刻，世间的一切对他来说，都比不上眼前的这位佳人。

杜、孟每晚都聊至深夜，但两人似乎总有讲不完的话。有时，孟小冬会在杜月笙讲述的故事中慢慢睡去，那种安心与踏实的感觉，就像她小时候听父亲孟鸿群娓娓道来那些梨园界的奇闻逸事一般，让孟小冬十分舒心。而杜月笙于早些年所经历的种种跌宕起伏，以及他在抗战时期所彰显出的爱国情怀与民族气节，也让孟小冬对这位上海闻人生出更多的敬仰与爱慕之情。杜、孟的关系日益紧密，而两人之间的羁绊亦愈发深厚。

　　1946年春末，孟小冬本已平稳的幸福生活又起波澜。姚玉兰携几个儿女，奔波千里，辗转多地，终于回到上海。姚玉兰原本想着给杜月笙一个阖家团聚的惊喜，未料，惊喜变为惊吓。沉浸在孟小冬温柔乡中的杜月笙，似乎早已忘记远在重庆的妻子儿女，当姚玉兰等人入住公寓时，杜月笙并未表现出过多热情，而平日里，态度亦较为冷淡。

　　同为女人的孟小冬很快就察觉到，姚玉兰虽然表面上依然如从前一般，和自己以姐妹相称，但客气之中已有了些许陌生和敌意，每当姚玉兰听到杜、孟二人以"月笙"和"阿冬"互称之际，更是脸色凝重，一言不发。因此，杜月笙越是偏袒孟小冬，孟小冬就越是感到不安。换作一般的大家族，女子若能得到一家之主的偏爱，在妻妾之中占有一席高位，便是最大之幸，而孟小冬却从未想过要在杜家争夺什么权位，她不需要，也不在乎。但她也不得不承认，自己对杜月笙的情感随着时间的推移与日俱增，早已从单纯的依赖转为了真正的依恋。孟小冬一方面十分理解姚玉兰的处境，一方面也想继续和杜月笙生活下去，经过反复思考，她最终想出一条缓和之计：她返回北平探亲并长待一阵，借此让杜、姚二人关系回温。

　　虽然杜月笙对孟小冬突然想返北平看望母亲张氏的决定有些不解，但因他在上海确实日理万机，无法陪同，也只好答应了孟小冬的请求。临别之时，杜月笙让黄国栋取出一万美金交给孟小冬傍身，并告诉她："侬这趟回北平，去看看有没有合适的房子，你弟妹和子侄都长大了，张氏年纪也大了，大家一直挤在那么小的地方，也不是个办法。侬回去瞧瞧能不能换个更大点的，这样唔以后过来北平，也有个住的地方。选好了房子就告诉我，至于钱嘛，侬不必担心，等侬选好了住处，唔到时派人送去。"

　　时间飞逝，不知不觉，孟小冬在北平已住满一年，而杜、姚的关系也如孟小冬期望的，恢复到了从前的状态。与此同时，姚玉兰还主动向杜月笙提出接孟小冬回上海，三人一同生活的请求。恰逢杜月笙还有三个月便迎来六十大寿，向来喜欢热闹的他已许久未有机会大摆筵席，于是，想趁此机会大搞一番，并顺道接孟小冬返沪。如果回到从前，杜月笙可能倾向于把寿宴搞成全国性的堂会，但在经历了数年战乱之后，杜月笙的爱国情怀更为浓烈，于是，在众多提议之中，杜月笙第一时间选择将寿辰和赈灾义演相结合，举办一场别开生面的"杜寿义演"。由杜月笙的得意门生陆京士、徐采丞和顾嘉棠三人领头，组织了"庆祝杜月笙先生六十寿辰筹备委员处"，处理杜寿义演全部事宜，并公推黄金大戏院经理金廷荪为总提调，负责联络场地和邀请来宾，由他带领戏院前后台经理孙兰亭、汪其俊，与北方邀角人员马治中奔赴全国各地邀约名伶。

在演出嘉宾名单中，孟小冬自然是杜月笙钦点的首位人选。为表诚意，姚玉兰还亲笔修书一封，让金廷荪赴京邀角时专程带给孟小冬，信中除了提及赴演一事，姚玉兰还向孟小冬道出希望她能重回杜家，两姐妹一起生活的愿望。于是，孟小冬顺理成章地成为第一个答应参演的名角。

离开北平之前，张云鹤一面帮孟小冬收拾包袱，一面语重心长地对她说道："冬儿，杜先生是否能够依托，我不作评价。虽然他这些年确实帮了你很多，帮了我们孟家很多，但你们年纪悬殊，更甚当年的你和梅兰芳。况且，杜月笙和梅兰芳不同，他既不是同行，在上海的势力又那么大，我担心你以后……"孟小冬打断张云鹤："阿娘，月笙对我一直很好，而我也不是当年那个十九岁的我了。我到了现在这个年纪，还能有什么可失去的呢。我去上海这事儿，你也别担心，相信老天和月笙都会给予我最好的安排。"看孟小冬心意已决，张氏只好宽下心来，毕竟自己年事已高，可女儿的人生之路还很长，若是有人依靠，总好过孤独上路。

此番重返上海，孟小冬被直接送到位于华格臬路的杜公馆。这是孟小冬第一次来到真正意义上的杜公馆。映入眼帘的是两栋气派的楼房，前面是一栋两层的中式石库楼房，后面是三层的西式楼房，孟小冬下榻的是从前杜月笙三房太太孙佩豪和她两个儿子的住所，位于西式楼房的三楼。自从十几年前，姚玉兰嫁入杜家，孙佩豪赌气便带着两个儿子远走美国，于是，空置已久的三楼在整修装饰一新后，成为孟小冬的新住所。而为了筹备杜寿义演，十年前故世的杜家原配夫人沈月英的中式楼一层被杜月笙命人全部打通，改为可会客与排戏的大厅。

按总策划金廷荪的原定计划，杜寿义演始于9月3日，终于7日，为期5天，票价从5万起跳，共分为七等，依次是10万、15万、20万、25万、40万的级别，最高可达50万元。但因各界人士热烈响应，南北名伶齐聚，全国各地的戏迷闻讯赶来，5日的预售戏票顷刻抢空，连黑市票的价钱也被炒翻了几倍，最高档位票价已高达100万元以上，即便如此，仍无法满足广大戏迷的要求。于是，"庆祝杜月笙先生六十寿辰筹备委员处"临时决定将大部分戏码加演一场，使得原本5日的演出期延长至10日，这才让大部分早早赶乘飞机奔赴上海的外地戏迷有票可买，有戏可看。

入住杜公馆后，孟小冬火速定下演出剧目与班底，她将于9月7、8日两晚，演出余派名剧《搜孤救孤》。孟小冬饰程婴，杜月笙的徒弟赵培鑫出演公孙杵臼一角，程妻、屠岸贾等角则由孟小冬于北平演出时的原班人马，梅兰芳大弟子魏莲芳和花脸裘盛戎接任。接着，孟小冬邀约了琴师王瑞芝，又请王介绍来"鼓界三杰"之一的魏希云司鼓。琴鼓齐备后，孟小冬立即开始了彩排工作，她一面教赵培鑫唱念，一面等待魏莲芳与裘盛戎抵沪合排对口。当人马齐聚杜公馆后，孟小冬便每日带领大家吊嗓子、排身段，反复排演与磨合。

惦念孟小冬身体的杜月笙大感不解，时常叮嘱她无须过度排练，况且，《搜孤救孤》这出戏，孟小冬数年来已在大小戏院演过不下几十场，哪怕直接"台上见"都不成问题，何须还花费数月时间，日日排演。对于杜月笙的不断提醒，孟小冬不仅显得十分坦然，还学着杜月笙的浦东口音，反过来安慰他道："月笙，唔都有十余年未和上海观众见面啦，这中间的好些年又在休养。所谓'拳不离手，曲不离口'，是我两位师父（仇月祥与余叔岩）时常挂在嘴边的金玉良言，也是梨园的行规，侬是晓得的呀。唔一是不能砸了两位师父的招牌，二是不能给侬丢脸面嘛。那唔可是堂堂上海大亨力捧的老生，不唱则已，要唱就必须一鸣惊人！"杜月笙听后大笑不止，内心却十分受用，也十分欢喜。于是，杜月笙一边默默心疼，一边每日命下人为孟小冬准备燕窝与润肺润嗓的汤水。

在安排戏目表时，杜月笙特别叮嘱金廷荪将孟小冬和梅兰芳的演出时间错开，避免二人之间的尴尬。当然，孟、梅二人也都十分清楚杜月笙做此安排的良苦用心，均暗自配合。梅兰芳在演出大轴戏的8天时间中，孟小冬从未到戏院观戏，即便每晚散戏后，有固定在南洋桥金府的夜宴，孟小冬也从未出席，甚至连最后的集体大合影，孟小冬也称病辞谢；梅兰芳亦十分持重，在孟小冬演出的那两天，同样借故回避，独自在位于马思南路的寓所静养。因此，在为期十日之久的义演过程中，二人竟从未碰过一面。

经过3个月的备战，9月7日晚，孟小冬的大轴戏《搜孤救孤》在上海中国大戏院正式上演。为目睹孟小冬之风采，当日戏票早早便被广大戏迷抢空，黄牛票更是十倍地往上翻，让想"走后门"的熟人或业内人士也无路可寻。于是，各路人马只好各显神通，无所不用其极。比如马连良，因与前台经理交好，便再三委托经理一定要为他安置个位子，经理只好硬着头皮让茶房设法在几乎无插足之地的二楼过道加了张小凳，同时，马连良又邀请来好友、杂志编辑沈苇窗一同观戏，小凳虽挤，但二人都十分满意。这种盛况真能称得上是空前绝后，恐怕连孟小冬的师父余叔岩，或是她太师父谭鑫培到上海来，也是望尘莫及。

开演之前，戏院门外依然聚集了大批戏迷，等待着出现能进场的一线机会。场内观众则情绪高涨，待孟小冬所扮演的程婴出场，楼上楼下掌声雷动，现场气氛达至高点，让久未登台的孟小冬竟产生了恍如隔世之感，一不小心，脚下踩了个空，高低靴一侧，台下顿时寂静，吓得正在特厅包厢看戏的杜月笙从座椅上弹了起来。好在，孟小冬一开嗓，短短四句"娘子不必太烈性，卑人言来你是听：屠贼做事心太狠，三百余口赴幽冥"就将观众的注意力全数吸引，含蓄而悲怆的情绪，韵味隽永的唱腔，加上潇洒飘逸的扮相，使得观众迅速忘记刚才发生的小意外，全情投入孟小冬的表演当中，掌声、赞叹声与喝彩声齐鸣，孟小冬亦越发进入状态。杜月笙在包厢内连连点头，眼泛泪花，马连良和沈苇窗也坐在小凳上激动得不停拍手，大声叫好。

《搜孤救孤》，又名《八义图》，改编自中国古典元杂剧《赵氏孤儿》，是一出以生角为主，

《搜孤救孤》演出现场

并且唱、念、做、表俱重的剧目，共分为"定计""舍子""大堂""法场"四场。它讲述了春秋时期晋国大夫赵氏因奸臣陷害而惨遭灭门后，医生程婴抚养赵氏孤儿长大并报仇雪恨的故事。这出戏最早由卢胜奎演唱时是将公孙杵臼设计成主角的，后由谭鑫培表演时，才将程婴改为主角，待余叔岩演绎这出戏时，在唱念和表演方面，又不断做了细致的润饰和再创造，尤其在运用唱腔来表现人物上更为鲜明突出，使之成为余派代表作之一。孟小冬拜师余氏后，余叔岩将打磨了二十年的《搜孤救孤》全盘教给孟小冬，因此，这出戏也是孟小冬磨砺较深、体会较透和演出场次较多的一出戏。

戏迷们一面惊叹于孟小冬能把二黄戏唱到六字半调，一面又为她的身体状况感到惋惜，但正因孟小冬年事渐增，她的嗓音也向苍凉蕴藉方面逐渐转化，反倒减少了矜持造作，渐近自然了。所以，孟小冬此时的唱腔听起来极为悦耳，已真正意义上不受雌音的影响，而孟小冬似乎也完全和程婴这个人物角色融为一体，让现场观众一时分不清究竟是置身于戏中还是戏外。

戏毕，孟小冬等演员在观众雷鸣般的掌声中，返回后台卸妆。约莫三十分钟后，只见杜月笙气喘吁吁赶到后台，一看到正坐着休息的孟小冬，便一步上前，着急忙慌地说道："阿冬，观众说什么也不愿离场，非要求侬去谢个幕。""谢幕？这我可不大懂，或许太久没登台了，这些新鲜玩意儿我还不太适应，程老板（程砚秋）不也不做谢幕？""唔晓得侬今晚演出老成功啦，侬也久未登台，需要休息。但现在观众就等着再见侬一面，而且是以孟小冬本来的样子，伊拉（他们）就满足了。要知道，这都过去半个钟头啦，但一个观众都还没离场……侬……侬就当是为了唔这位寿星，再赏面上一次台？"说着，杜月笙伸出了一只手，做邀请状。见杜月笙将话都说到这个份上，孟小冬只好答应，于是，杜月笙让赵培鑫陪同孟小冬着便装重返舞台。

上台后，孟小冬虽未向观众说一句话，只绕台一圈，向着场内不同方向，含笑点头作谢，但她素颜时清丽的模样、灿烂的笑容却让在场众人如饮琼浆，终使大家满意离去。

接连两晚的《搜孤救孤》不仅让场内观众叹为观止，也让场外观众意犹未尽。而更令孟小冬没想到的是，在她演出这两日，梅兰芳虽未到场，却守在公寓的收音机旁，连听了两天。自孟小冬在余门学成之后，梅兰芳就对这位旧爱的新貌颇为好奇，而孟小冬于北平公演所获得的巨大成功亦早有耳闻，却从未有机会亲临现场一睹为快。如今，他和广大戏迷一样，满怀热情地期待孟小冬，在沉寂数年后再次呈现余派艺术的精髓。连听两日《搜孤救孤》后，梅兰芳震惊于孟小冬如今炉火纯青的技艺，即便只是现场录音，却字字入耳，可见其口劲功底之深厚、咬字韵律之讲究，与余三哥不分轩轾，

孟小冬返回舞台向观众谢幕，《搜孤救孤》成"广陵绝唱"

当世已无人能与之匹敌。如果说，孟小冬年少成名，超高的领悟力和嗓音的先天条件是其日后成为"冬皇"的必要因素，而此时，年过四十的孟小冬是真正意义上没了雌音，成了名副其实的"冬皇"，真真正正的"老生之皇"。

在戏迷们的赞叹和不舍中，10天义演很快落幕，共计收入达20多亿元，而杜月笙将演出收入全数捐与饱受水灾侵扰的两广、四川与苏北地区，演出费用则由他一力承担。同时，在演出期间，各界人士送来的寿礼高达30多亿元，一部分用于成立了"月笙图书馆"，另一部分则用于编印《上海市通志》。

正当大家赞叹着杜月笙的慷慨义气，回味着杜寿义演的精彩盛大，任谁也没想到，这场义演却是孟小冬面向公众的最后一次登台演出，成了后会无期的"广陵绝唱"，而她在台上唯一的那次谢幕，也代表了她舞台生涯自此正式落幕。

随杜迁港　杜孟大婚

杜寿义演后，孟小冬因急需处理此前在北平所购房屋的交接事宜，不得不再次返回北平。未料，东北战事又起，北平形势严峻。一时之间，谣言四起，人心惶惶。在北平居住了大半年的孟小冬于顶银胡同二手房里胃病频发，人比在上海时期更加瘦弱，平日里只能依靠打麻将与抽大烟勉强度日。

牌友们在牌桌上热烈地谈论战事，有的说每日城门紧闭，有武装士兵把守，有的说天津已经战火纷飞，越说越悬，吓得孟小冬准备携家人弃城而逃，却又不知逃向何方。正当孟小冬一筹莫展之际，突然收到了姚玉兰的挂号信，说杜月笙与她均十分担心她的安危，希望她火速返回上海，三人一起方才安心。

备受感动的孟小冬立即与母亲张云鹤商议出走计划，张氏一方面赞成孟小冬返沪，另一方面却表明自己年事已高，不愿离开北平，而孟小冬携家带口寄居杜家也着实不便，因此，张氏与孟佩兰、孟学科等人暂留北平，再做打算。孟小冬清楚张氏的脾性，自知多说无用，只好顺了张氏的意。于是，孟小冬连夜打点行李，等到合适时机便启程。待到第二日才发现，不仅津浦铁路客运已中断，塘沽海运更是不太平。路途被阻又孤立无援，焦头烂额的孟小冬左右托人却问询无果。

未料，当日下午，顶银胡同突然来了几位客人，一进门就七嘴八舌用浓重的上海口音叫孟小冬"师娘""师母"。为首的是黄金大戏院的后台经理汪其俊，他笑着握住孟小冬的手："师娘，师父派我们来接侬回上海啦。"另一个眉清目秀的年轻手下在一旁搭腔："除了我们，师父还派了一架飞机。""飞机？"汪其俊显出骄傲神色："师父非常担心侬，他一早就知道平津一带交通瘫痪，于是专程包了一架飞机，又安排我们几人来北平护送你安全回上海。""师母，师父还说了，他知道你怕坐飞机，觉得不安全。但现在局势紧张，别无他法，只好请您屈就一下。""是呀，师父还说了，他让您试着全程闭眼，别想着自己是在天上飞。眼睛一闭，睡一觉，再一睁眼，就到上海啦。"孟小冬知道杜月笙如此安排，定是基于这是目前唯一的逃离之法，他大费周章，不惜重金，托了不少人情，才包到一架专机，孟小冬也只能硬着头皮从命。"师父非常着急，请侬尽快收拾行李，我们即刻出发。""行李已经收好了，你们稍等，我去和家人道个别。"说完，孟小冬进屋和张氏、弟妹与子侄们道别，并嘱咐其保重身体，万事小心，接着，孟、张二人抱在一起，泣不成声。稍微平复心情后，孟小冬返回客厅，大家你一言我一语地帮孟小冬把行李拿到了停在胡同门外的轿车上。

经历了此生唯一一次高空飞行后，孟小冬平安抵沪。当她睁眼的瞬间，就见到杜月笙和姚玉兰站在眼前。姚玉兰先上前一把抱住了孟小冬，眼冒泪花："妹妹，可急死我们了。欢迎你回家，这里，还有……"她说着向杜月笙方向看了一眼，"我们这里……以后就是你的家"。杜月笙站在一旁，虽未言语，但当杜、孟二人目光相遇之时，孟小冬知道，这次之后，他们再也不用分开了。

1949年春，北平和平解放，淮海之役让蒋介石溃不成军，南京国民党根据地也被横渡长江的人民解放军百万雄师所攻下，内外交困，蒋介石被迫下野，由李宗仁代理总统，上海形势极为严峻。杜月笙、孟小冬、姚玉兰三人在上海的生活平静了不到半年，就又变得不平静了。先是民主人士黄炎培、章士钊等人来到杜宅与杜月笙密谈，表明如果杜能留在上海协助中共维持当地秩序，弃蒋投共，便能将功折过，一切前事不计。再是蒋介石亲自在上海复兴岛召见杜月笙,希望杜认清形势,随之一同迁往台湾,否则一旦上海失守,杜月笙必将遭共产党制裁,后果不堪设想。对于两方所做之思想工作,杜月笙均采取了迂回战术,当面感谢却不置可否,并表示需要时间回去打点与准备。杜月笙深知,这两条路任意一条都充满了不确定性,实在举步维艰,左右为难。若是听从共产党留在上海维稳,稳定之后的上海是否还有自己一席之地,共产党是否真能放过自己当年跟随蒋介石时期被迫杀害那些革命烈士的行径,皆为未知之数;如果跟随老蒋,这些年两人关系时好时坏,阴晴不定,赴台无非只是为了向他证明自己不会变节而已,但之后的日子寄人篱下,在老蒋的眼皮下生存,也绝非易事。因此,上海不能留,台湾亦不可去。

经过多番郑重思量,杜月笙终于觅得第三条路——香港。于是,火速安排好一切后,杜月笙召集家眷与亲信开了紧急会议,向众人说明:"目前局势紧张,唔决定先到香港避一阵子,这一阵子可长可短,所以拿(你们)要做好心理准备。老万(万墨林)和老顾(顾嘉棠),拿两家先跟着阿拉一起过去。"万墨林和顾嘉棠点点头,回道:"我们这就回去收拾。""另外,老黄(黄国栋)一家暂时留在这边,上海的一切唔都已安排妥当,侬也不需有什么害怕,安心帮唔看着上海这个摊子就行。"边说,杜月笙边拿出三封信,递给黄国栋,"这里的三封信,侬拿好了,往后有什么事联系不到唔,可先找信上的三个人做应急处理"。老黄接过信,三封信的正面分别写着"廖承志""盛薛华"和"潘汉年"。

4月26日,孟小冬陪着杜月笙分别去向师父黄金荣,以及杜月笙的恩人、黄金荣前妻林桂生道别,不料两边都扑了空,只能来日方长,再做拜谢了。27日,杜月笙一行人乘上了荷兰"宝树云号"客轮离开了上海。因船票紧张,杜月笙只买到一张头等舱票,其余人则分散在各个舱位,而孟小冬和姚玉兰还需轮流去头等舱照顾杜月笙。

客轮驶出港口,杜月笙在孟小冬与姚玉兰一左一右的搀扶下,站上了甲板。望着浦西岸边的纺织厂,杜月笙想起了他的母亲,他小时候常常跑去纺织厂门口等母亲下班。而对面的高桥镇就是杜月笙出生的地方,他转过身去,指了指高桥镇的方向,姚玉兰连忙向孟小冬介绍道:"老杜想说,这是他出生的地方。"杜月笙点点头,对孟小冬说道:"上次侬姐姐陪唔回高桥镇参加了家祠落成典礼,可惜没请到侬和侬师父余大贤来,那次老热闹了。不过,再热闹也没有十天的杜寿义演热闹。不知道这种热闹的光景,以后还会有伐?"

杜月笙开始自顾自地说话,姚玉兰和孟小冬却各自陷入了沉思。对姚玉兰来说,抗战时期的漂泊日子还历历在目,加上杜月笙现今有病在身,此去香港,是否可以重新开始,一切皆无定数。而对于孟小冬而言,这些年往返北平和上海,自己也说不好哪里才是她真正的家。而眼前站着的两个人,杜月笙和姚玉兰,却是除了她母亲以外,最能给她家庭温暖之人。但此番到港,离乡背井,自己无名无分,到了香港又该如何自处、如何开始?

客轮渐行渐远,已望不到上海的踪影。突然,杜月笙产生了一种强烈的感觉:这似乎应是他最后一次与上海道别,这个想法让他不禁打了个冷战。孟、姚二人生怕杜月笙再患风寒,同声要求杜月笙立即回船舱休息,但杜月笙双手扶着甲板,执意不走:"再让唔瞧瞧,也许今后再也瞧不到了。"孟、姚二人面面相觑,虽不明杜月笙所指,却只能陪着杜月笙站在甲板上,看着天色渐暗,向东驶去的客轮在江面上划开一道白色的水痕。

经过4天的海上航行,一行人终于抵达香港,入住了杜月笙早前派门生在坚尼地台18号底层以6万港币顶费租下的三室一厅的寓所。比起金碧辉煌的上海杜公馆,香港的杜公馆显得格外简陋逼仄。在寸土寸金的香港,要找到能住下杜家众人的大型公寓本就颇具难度,加上,杜月笙此时的财力状况已大不如前,能找到这处住所,也是大费了一番周折。若不是因杜月笙与陆根记营造厂的陆根泉交好,而他正是坚尼地台的房产商,住在二楼,杜也很难在短期内找到比此处更合适的居所。

香港的杜公馆如同避难所，杜月笙先让陈、孙两房及子媳各自另赁住房，剩下的妻妾、儿孙、管家、佣人、医生等十几个人，每日挤在三室一厅的房子里。即使和以前锦衣玉食的生活大相径庭，但因杜月笙的哮喘病日渐严重，身体每况愈下，众人也只好委身于此，不敢多言。

同住一个屋檐下，逼仄的环境并未让众人的距离变得更近，反而让各房之间渐行渐远。大家每日房门一关，各自为政，除了用膳时间，其余时候均互不往来。好在孟小冬和姚玉兰的姐妹关系还算维持得不错。这些年，孟小冬一路跟随杜家，从北平到上海再到香港，在杜月笙重病之时，与姚玉兰一同照顾，着实减轻了这位姐姐不少负担。加上，姚玉兰之前让女儿杜美霞认了孟小冬为义母，孟小冬也时常帮忙照看杜家几个子女，因此，姚对孟一直心存感激。平日里，大家聊聊天，叙叙旧，互相搭个伴，也能将在香港的逃难日子勉强过下去。

除了冷清的家庭氛围，杜公馆也有开心热闹的时刻，就是每周五在此处举行的"雅集清唱"。适逢马连良在香港治病兼演出，随后钱培荣、赵培鑫、王瑞芝等人也陆续抵港，大家便常约到杜公馆做客。于是，作为京剧爱好者的管家老万和杜月笙的家庭医生吴必彰便借机提议，让杜月笙的两位贤内助、姚玉兰和孟小冬重操旧业，再开金嗓。一来，可让登门的客人吊嗓同乐，让冷清的杜家热闹起来。二来，也可让久卧病榻的杜月笙走出病房，无论从前还是如今，听戏唱戏都应是最能让这位大亨感到快乐

孟小冬在香港杜公馆留影

的事情了。同时，因考虑到杜月笙的身体状况，所以雅集清唱一周一会。除了固定亲友，孟小冬还邀请到顶尖琴师王瑞芝与客串鼓师的马连良加盟，让每一次到场的宾客无不兴致盎然，尽兴才归。

随着来港的朋友越来越多，雅集清唱的人数不断壮大，其间，吊嗓活动还迎来了赴港演出的杨宝森。同时，孟小冬、赵培鑫等人也前往剧场为杨捧场。不仅如此，马连良与杨宝森还合作演出了《问樵闹府》和《打棍出箱》，两位须生形成"打擂台"之势，媒体借此大肆宣传，让杨宝森在香港票界刮起了一阵小旋风，风头一时无两。

台上打擂台，吸引了不少眼球，台下马连良与杨宝森二人却十分和谐，每周五定时做客杜公馆，谈笑风生。半年的时光在每周一聚的雅集吊嗓活动中一晃而过，杜月笙的哮喘病情却愈发严重，发作频率陡增，需孟小冬或姚玉兰时刻守在身边，以便及时用氧气筒为其输氧。而孟、姚二人因长期处于紧张状态，亦无暇再举办或参与吊嗓活动，香港杜公馆又回到了以往的冷清。

1950年年初，杜公馆迎来了一批新客人，既不是短暂赴港的友人，也非上门拜访的慕名者，而是台湾方面隔三岔五地派人前来拉拢，请杜月笙火速赴台，蒋介石将委以重任；内地则相继派出潘汉年、章士钊、夏衍等人赴港密谈，说辞同之前一样，希望杜月笙早日返沪，助力新中国，一切重新开始，前事绝对不究。对两方来客，杜月笙均以身体欠佳为由，不表去留。如此一来，又拖了半年时间，本以为已顺利过关的杜月笙先是遭到了台湾方面的恫吓威胁：老蒋发出最后通牒，命他火速赴台，否则后果不堪设想；内地又让黄金荣当说客，派亲信赴港，以杜月笙恩师的口吻劝杜回到内地。于是，是去是留让杜月笙再次陷入进退两难之境地。

杜月笙思前想后，决定使出惯用伎俩——"走为上策"，并且，要走就往最远之处走，以免很快又被国共两方"探访"。在医生吴必彰的建议下，杜月笙最终选择了气候与空气皆适合养病的法国。于是，杜月笙趁精神好的时候又一次召开了紧急家庭会议，宣布在他命人办理护照的这段时间内，全家上下做好移居他乡的准备。

随后，杜月笙请管家万墨林当场计算人数，老万盘算了一下，加上自己一家和顾嘉棠一家，此去法国共需申请27本护照。突然，站在角落的孟小冬发话道："那27人里有包含我吗？"音量虽低，但却掷地有声，一时之间，全场鸦雀无声。杜月笙连忙答道："阿冬，侬怎会这样问？那是当然啦！"孟小冬的语气平静冰冷："那我这次跟着你们去法国，算是什么身份呢？"此话一出，全场愕然，孟小冬不理不顾，继续说道："是杜先生的女朋友，还是使唤丫头呢？"听闻此处，姚玉兰面露愠色，转过头去，轻声说道："妹妹，我们是一家人，当然会带你一起走。"孟小冬直勾勾盯着杜月笙，全然未理会这位姐姐。杜月笙即刻转向老顾说道："侬明天去给老黄（国栋）通个信，告知伊（他）阿拉的安排，并让伊搞些现金来……咳咳……侬也安排大家近几日内开始整理、收拾行李……咳咳……都必须办妥了，好伐？"然后，杜月笙转向在场众人，提高嗓门道："走之前，唔要与阿冬补办婚礼。"杜月笙神情严肃且认真地宣布着，完全无视众人惊诧的表情，"这些年，阿冬跟着唔没名没分地东奔西走，着实委屈了伊。唔早就应该给伊名分……咳咳……但唔这些年终日与药罐为伍，竟将此事忘了个一干二净。老万，护照的事情就迟些再去办吧……咳咳……婚礼紧要些。这件事交给侬，不必大费周章，在家里简单摆几桌，自己人庆贺一下就好。"杜月笙想了想，又道："至于请谁来，唔会理个名单给侬，侬务必挨个请到。"

杜月笙一席话毕，全场肃静，众人脸上均显出十分不解的神情。而万墨林更不知是应当立即点头，还是假装没听清楚，似乎他需要再让杜月笙讲一次同样的话，才能确认。杜月笙拍了拍老万："对了，婚礼虽简单……咳咳……但菜品可绝不能马虎随意，这是杜月笙和孟小冬的婚礼，怎样都必须办得体体面面风风光光才行……咳咳……"一时恍惚的万墨林方才确定这是真事，缓缓点了点头。

杜家合照。后排左起：小女杜美娟、长女杜美如、二女杜美霞、三弟杜维善

　　正当大家不知如何作声，姚玉兰却率先发了话："无论怎样，妹妹是我们杜家人，这没异议。只是现在这个时刻，又在香港，又要逃难，何必在风口上大事破费，惹人话柄呢？"事实上，对于这门婚事，在场众人皆持反对态度，无论是鉴于目前的形势，还是杜家的环境，再搞婚礼以及添个五房太太，都是极不合时宜之事。不过，碍于杜月笙在杜家一人为大的地位，无人敢直接反对。孟小冬平日里只与姚玉兰交好，与其他杜家人关系颇为淡薄，不料，此刻竟是姚玉兰第一个站出来反对，其他人就更在心中盘算起如何阻挠这场婚礼了。杜月笙挣扎着提高音量，对着姚玉兰说道："夫人，侬就准了这次吧。"想不到昔日叱咤上海，坐拥三千门生的大亨，竟以几乎哀求的

语气让自己的第四房太太准许这门婚事，众人一时语塞，将反对之词尽收肚里。半晌，没人再敢多言，姚玉兰也就只好苦笑着点头答应，不再阻拦了。

傍晚，孟小冬给杜月笙喂药、输氧之后，正准备离开，杜月笙突然一下坐了起来，双手抓住孟小冬一只手，抬头望着她，这是孟小冬第二次看到杜月笙眼中含泪的样子。"阿冬"，杜月笙清了清嗓子，轻声说道："侬坐过来，近一点。"孟小冬坐到了床头，怕杜月笙说话太耗费体力，又把耳朵贴了过去。杜月笙咳了几声，继续说道："婚礼的事，唔其实早就想提了……咳咳……多年来，侬对唔一直悉心照顾，却从未求过任何名分……咳咳咳……唔心里很是清楚。但唔越病重，就越觉得不能辜负侬的一片……咳咳……深情……但让侬现在入门，嫁给唔……咳咳……这般病夫，对侬实在太不公平了。""但这一切都是我自愿做的。""咳咳……唔知道，如果侬今日不提婚礼之事……咳咳……唔也不知侬心意如此。因此，一旦……咳咳……侬提出，唔必定义无反顾……咳咳咳咳……"虽然杜月笙这几句话说得上气不接下气，但孟小冬听得真真切切，多年来的委屈与辛劳似乎也在一瞬之间云消雾散了。

孟小冬抱住杜月笙，用手轻缓地拍着他的背，当杜月笙示意还有话未讲完的时候，孟小冬却在杜月笙耳边轻声道："月笙，你要说什么我都知道。你今天真的太累太累了，先好好休息吧。婚礼那天，你要穿你最喜欢的那件长袍马褂，我也穿我最爱的那条漂亮旗袍，我们一起神神气气地完成仪式，好吗？"杜月笙连连点头，两人依偎在一起。

痛失爱人　在港收徒

砰砰砰砰……砰砰砰砰……一阵急促的拍门声惊醒了睡梦中的孟小冬，她一下从遥远的过往回到现实。孟小冬赶忙下床，穿好鞋，大步向房门处走去。

房门外站着姚玉兰与万墨林两人，姚玉兰告诉孟小冬，从这日清晨起，她与万墨林就轮流过来敲了好几次门，但一直无人应答。而此刻，祭奠仪式已准备妥当，凭吊者也陆续抵达杜公馆，作为第五房太太的孟小冬理应出现在现场，协助杜家人主持仪式。孟小冬这才如梦初醒：原来刚才的一切都只是做梦而已。在那漫漫长夜的梦境中，她回顾了自己的大半生，而那些逝去的事与人终归逝去了，蒙师仇月祥、父亲孟鸿群、爱人杜月笙也都再也见不到，再也回不来了……于是，孟小冬顾不上姚玉兰的不满语气，顾不上自己的昏沉头痛，连忙整理了一下衣装，便匆匆走向坚尼地台18号大门口。

第一天的祭奠仪式，姚玉兰在杜公馆中安排了和尚念经超度，在港的朋友均赶来吊丧。不料，到"头七"那天，杜公馆门庭冷落，大厅里就只剩杜家人及念经的和尚了。生前最喜热闹的杜月笙怎么也想不到，自己死后竟是如此清冷。而他生前最常说的"三碗面"——体面、场面、情面，在他去世后，却一碗不剩。更令他意想不到的是，"头七"一结束，杜家各人便另觅新址，陆续搬出了杜公馆，从此，坚尼地台18号只剩下孟小冬与姚玉兰一家。

自杜月笙宣布和孟小冬成婚那日起，姚玉兰就再未对孟小冬展露过笑颜，而此时，即使同住一屋，两人却几乎没有交流，关系也越发紧张。直到一日，姚玉兰敲开孟小冬的房门，十分严肃地说道："妹妹，上海那边应是回不去了，我晚些时候会去台北，老杜的遗体我也会一并带过去。至于妹妹未来的生活嘛，我也没能力管啦。老杜生前给我们留下的财产不多，比起妹妹那两万美金，我分到的可也没多哪里去，但我跟着老杜的时间可比妹妹……哎，算了，不说了，接下来的日子，咱们大家呀，谁都不好过。"听完姚玉兰这席话，孟小冬面未改色，一言不发。姚玉兰生怕孟小冬没听懂话中之意，又再补充道："妹妹，我不是赶你走，你若愿继续在这里住着，姐姐也是高兴的，总之，去留都由你自己决定。"

不到半月，孟小冬搬出了坚尼地台18号，只身迁入位于铜锣湾的使馆大厦，从此在香港过上了深居简出的生活。与当年孟小冬在北平的生活不同，此时的北平已更回"北京"之名，而暂留在香港的杨宝森、马连良、张君秋等友人应周恩来总理再三之邀均已先后离港返京，现今仍与孟小冬往来的只剩下滞留在香港的王瑞芝。平日里，王瑞芝忙于为香港票友吊嗓说戏谋生，也只能偶尔挤出时间到使馆大厦探望孟小冬。

1952年初，孟小冬之母张氏在北京病逝，得知此噩耗，孟小冬自是悲痛万分。苦于无法返京，孟小冬只能修书一封，表达哀思之情，并在香港请众僧诵念经文数日，以追悼亡母。随着这些年一些亲人与友人相继离开，孟小冬也已步入四十有五的年纪。如今，独在香港生活的她，唯有每日以抽大烟度日，偶尔吃斋念佛、书写绘画，一面消磨时间，一面让她暂时忘却旧事，以及自己已是孤寂一人的现实。

一日，王瑞芝在登门拜访孟小冬之际，向她转述了两件事。他首先告诉孟小冬，香港的票友们都十分喜爱孟小冬与余派艺术，并将她在香港的住所尊称为"冬宫"，若是有朝一日能有幸到"冬宫"拜见"冬皇"，或看到"冬皇"再次复出，人生才无遗憾。孟小冬听王瑞芝津津有味地讲着，咯咯笑出声来。第二件事则是王瑞芝受钱培荣之托,给孟小冬带个话,希望能拜孟为师。

钱培荣青年时期曾是杜月笙所办"恒社票房"里最出名的余派戏迷,根基不弱,热爱听戏唱戏,也有过不少演出经验。1947年后,他一直在香港经营国际贸易。杜公馆当时定期举办的"雅集清唱"活动因杜月笙病情加重停办后,杜公馆还维持了一小段时间的夜间吊嗓聚会,那时的常驻客便是钱培荣、赵班斧及赵仲厂,宾客尚有钱新之及马连良。三人几乎每晚必到,吊嗓直至深夜。一晚,在病房陪杜月笙休息的孟小冬,听到客厅传来钱培荣所唱的《武家坡》,便立即向杜月笙说,认为钱的唱腔颇有余派之味,杜月笙当时还打趣道:"培荣确实有些功底,要不你以后收他为徒,让他拜入孟门之下。"孟小冬无奈地摇了摇头:"我才不教你的徒弟呢。""阿冬,你可别忘了……咳咳……当年寿宴义演,你不还教过(赵)培鑫吗?哈哈。"被杜月笙这一反问,孟小冬一时不知如何反驳,只好用双手轻按杜月笙肩膀,做出一副欲帮他按摩的样子,逗得杜月笙边笑边求饶:"'冬皇'息怒,'冬皇'息怒。"

往事突然涌现,犹如发生在昨天,孟小冬愣了半晌,随后向王瑞芝说道:"前年的时候,我和月笙在房里听到过钱培荣唱戏,他的唱腔倒是有几分余派的味道,这件事我当时好像还跟美如提过。"王瑞芝顿时喜笑颜开,立马滔滔不绝起来:"钱培荣不就是因为前年听杜大小姐讲起您说他和余派对路这番话,才备受鼓舞,萌生出拜师的念头。但后来因杜先生病情加重,

孟小冬在香港佛堂留影

他也只好将此事藏在心中。这两年，他倒是常请我帮他吊嗓，一来二去，我和他熟络起来，也算交好。自从他得知'冬皇'您搬出了杜公馆，独自住在'冬宫'后，已专程来找了我好几回，想请我为他做说客。"孟小冬打断王瑞芝："我身子向来不好你是知道的，我哪还有力气教戏？""这我当然知道。""那你还不帮我拒绝了他？""哎，我不是没告诉过他此事难度颇大，也向他讲出了'冬宫可不是谁想入就能入'这种话，但钱培荣苦苦哀求，又的确是诚心向学，加上他从十四岁起，就开始听戏唱戏，还专攻余派，从无间断，兴趣始终如一，余大贤的那十八张半唱片，他也是当成宝一样的供着，反复聆听揣摩。且不得不说，他在唱戏方面确实也有些基础，这般有根底又热忱之人，我实是不忍看他被埋没，就决定帮他一把。""那就请他有空过来，一起研究研究吧。"

王瑞芝见孟小冬未再推辞，便不紧不慢地继续说道："等您慢慢调着身子，精神恢复些了再说收徒弟的事儿。我这些日子，倒是会经常来冬宫叨扰您，为您吊吊嗓，我想，若是能把气理顺些，说不定您的身体也能跟着转好。"

见王瑞芝如此卖力地代钱培荣说项，孟小冬开始认真思考起了收徒之事。她突然记起，杜美如给她讲过的一件有关钱培荣的事。前年盛夏酷暑难耐，钱培荣每晚吊嗓必携带一把折扇。一晚，当马连良到杜公馆做客时，钱培荣吊嗓正酣，马连良见茶几上放着一把折扇，得知乃钱随身之物时，兴之所至，便伴着钱的歌声，在钱的折扇上题字，并称其为"培荣

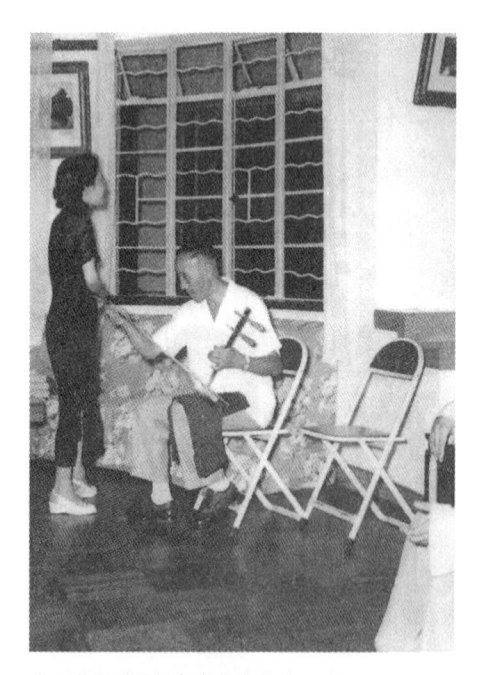

孟小冬与王瑞芝在香港吊嗓

师兄"。钱培荣得此扇后，视之若宝，无论酷暑严寒均带着这把折扇，逢人便展示一番，连孟小冬都被拉着看过好几回。在那段日子里，偶尔出入厅堂的孟小冬每次见到钱培荣，他都是一副求学若渴、聚精会神、开心快乐的样子，很是感染人，也足见他对唱戏之热爱。想及此处，孟小冬一下释然，向王瑞芝说道："你跟钱培荣说，我同意了。"

对于孟小冬的突然回应，王瑞芝既惊喜又感激，惊喜的是，他着实没想到孟小冬竟会如此爽快地答应。跟随孟小冬多年，王瑞芝对她的脾性还是甚为清楚的，孟小冬生性孤傲，又刚经历了丧夫之痛，有一千个理由可以拒绝收徒之事，而他自己也早就做好了被拒绝与游说数次的心理准备。感激的是，孟小冬此举给足了王瑞芝面子，基于二人多年相交的深厚友谊，孟小冬确实已将他当成了至交好友。

当然，最开心的应是收到好消息的钱培荣。兴奋之余，钱培荣还不敢冒昧地直闯'冬宫'，为表诚意，他专程请到正旅居香港的孙养农一同前去拜会'冬皇'。一来，孙养农为余叔岩之挚友，亦是孟小冬之长辈，若是能让这位颇具分量的长辈出面引荐，并主持拜师一事，那入'冬皇'之门就更名正言顺。二来，钱培荣得知孙养农正忙于筹备编写一本有关余叔岩生平的传记，而孙也必将会找孟小冬参与此书的编撰，两人的会面就显得顺理成章。钱培荣这一安排确实一箭双雕，不仅让久未相见的孙养农与孟小冬两人得以重聚，当日便一拍即合，详谈了编纂传记一事，他也直接在当场就订好了拜师日期。

钱培荣喜出望外，返家之后，立即投入筹备工作。在确定观礼人员名单时，钱培荣突然想到远在台北的好兄弟赵培鑫，也曾数次表明想拜师'冬皇'的意愿，既然两兄弟心愿一致，相交甚笃，何不趁此良机，为培鑫兄做一番争取，若是两人能一同拜师，岂不两全其美。于是，钱培荣又数次登门向孟小冬恳求，一开始孟还在谦辞，但转念想到自己当年指导赵培鑫合演《搜孤救孤》一戏时，对其印象极好，加上自从赵培鑫饰演过公孙杵臼一角后，便从马派改唱余派，前年在香港公演时也看过其不俗的表现，此人天赋嗓音皆好，为人聪明好学，与钱培荣一样均为可造之材。因此，在钱培荣一再恳求下，最后欣然同意。

1952年春，拜师仪式如期在香港菽园的严欣祺府上举行，宾客众多，热闹非常。仪式由孙养农举香，排场简单而隆重。典礼由'冬皇'孟小冬向梨园祖师爷"翼宿星君"神位及余大贤神位行三跪九叩大礼拉开序幕，钱培荣和赵培鑫则跟随叩拜。继而'冬皇'挺拔入座，再由钱、赵两位徒弟向孟师行三叩首之礼。

突然，一阵笑声打破了严肃的拜师气氛，众人定睛一看，发现在钱、赵身后，凭空多了两人也正向孟小冬行跪拜礼，一人是杜月笙的医师吴必彰，另一人是王瑞芝。吴必彰因酷爱听戏，之前在杜府常听孟小冬说戏，甚为仰慕，但自知无法拜师孟门，心有不甘，于是情不自禁，趁势凑个热闹。孟小冬见状大惊，伸手欲扶吴必彰起身，岂料吴必彰不肯"就范"，一歪身子，

孟小冬与严欣祺夫妇（左二、右一）、丁锦源医生（左一）于香港菽园的严府合影

孟小冬与举香人孙养农合影

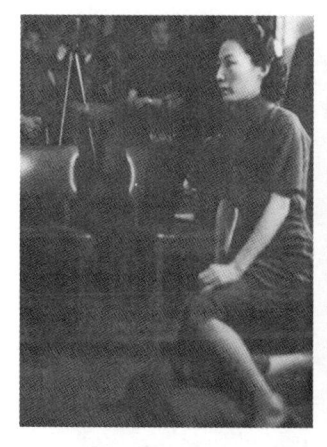

孟小冬在香港收徒时祭拜祖师爷   孟小冬在港收徒情景

让孟小冬扑了个空，此举引得宾客们又是拍手，又是大笑，拜师现场平添了几分趣味与温情。而王瑞芝这一叩头既不是凑热闹，也不是想拜师，而是纯粹为了向孟小冬道喜。他追随孟小冬十几年，也陪伴她经历了大小风浪，在这位琴师的眼中，孟小冬既是集万千戏迷宠爱于一身的梨坛皇者，也是漂泊大半生却依旧孤寂的奇女子，而今日，孟小冬一口气收下两位高足，不仅让余派艺术得以传承，'冬皇'也有了新的至亲家人。王瑞芝将所思所想尽数融在了一个简单的叩头礼与一句简单的"恭喜冬皇喜得高徒"之中，情真意切，让全场宾客无不为之动容。

仪式结束后，严府又举办了清唱欢宴以飨到场宾客。虽然孟小冬一直忙于招呼来宾，并未开其金口，但现场既有琴师王瑞芝，又有各路专研余派艺术之票友，大家吊嗓谈天，好不热闹。孟小冬亦感受到久违的轻松与快乐，全程神采飞扬，笑容满面。

自此，"冬宫"迎来两位新成员，而孟小冬也正式开始了她的课徒之旅。赵培鑫因生意原因，需时常往返港台两地，留港时间无法固定，学戏时

孟小冬与其徒弟钱培荣（左一）、赵培鑫（右一）合影，中为想拜师孟小冬的医生吴必彰

票友赵培鑫(左)与琴师王瑞芝(右)合影

间亦不多。钱培荣则每日公事完毕必到"冬宫",由下午六时学戏至午夜。教戏时,孟小冬不畏辛劳,完全沿用了余叔岩的方法施教。一出戏,一字一句,先由唱腔教起,再教字韵。一个气口或喷口都会详细讲述。一招一式,每个举手投足,和手眼身法步之衔接配合,都会亲身示范,各种奥妙亦会清楚交代。让赵、钱二人大感震惊的是,孟小冬不仅将主角的白口照念无误,就连配角的词也背得滚瓜烂熟,说戏时一问一答,如数家珍。两人每学成一段,孟小冬还会循循善诱,不厌其烦地纠正和分析,深恐徒弟不明究竟。

同时,孟小冬允许钱培荣使用录音机,将自己说戏的全过程录下来,以便钱可不拘时地随时反复研习,比起早年余叔岩教学时纯凭口传心授、日夜颠倒之法,孟小冬的教学风格则更显亲和。当然,孟师的这份良苦用心也被钱培荣深深铭记在心,他早就听闻孟师当年从太老师学戏时是如何之艰难,而今自己师从孟小冬时,却有如探囊取物,手到擒来,其中之难易,真有天渊之别。因此,钱培荣暗暗发誓:必不可虚耗这不知是几生修得的福气,也必不能辜负孟师。自此，钱培荣将全身心都投入学戏当中，留港期间，每日登门受教，风雨无阻；外出经商之际，则每晚聆听录音带，勤勤恳恳，这学戏状态亦如当年的孟小冬一般，毅力惊人，义无反顾。

大千"动手" 小冬"动口"

孟小冬在港授徒期间，登门拜访的友人亦逐渐增多，其中，已当上香港《大成》日报主编的沈苇窗和同住使馆大厦的上海名士李祖莱（曾为杜月笙门生）更成为常客。除教授门徒钱培荣与赵培鑫外，孟小冬指点过的私淑弟子还有黄金懋、李猷（嘉有）、蔡国蘅、严许颂辉（严欣祺夫人）、冯璧池等十余人，所有弟子无一内行，皆为各行各业事业有成之票友。随着到访的朋友越来越多，"冬宫"也变得越发温暖。

孟小冬在香港与诸多友人聚餐

一日，沈苇窗和李祖莱如期而至"冬宫"时，带来了一个让孟小冬兴奋不已的消息：即将在李祖莱寓所举办的端午节聚会上，将有一位贵宾到场。这位

第五回 193

贵宾不仅和李祖莱胞姐李秋君为挚友知己，更曾与余叔岩私交甚笃。不过，此人行踪不定，每次到港也只做短暂停留，任友人们用八抬大轿都难以请动。而此次，不仅是他主动提出参与聚会，更指明入李府前先至"冬宫"拜会"冬皇"。

端午节当天，习惯晚起的孟小冬特意起了个早，吃好早餐，梳洗整齐后，便在门口等待。不多久，沈苇窗领着一位身着浅色长袍、深色布鞋，留着灰白相间浓密长髯的长者，来到"冬宫"门口，此人便

孟小冬在香港与诸多友人聚餐

是川籍国画大师张大千。

　　孟小冬未开其口，即先向张大千行了跪拜大礼，张大千也立即回以一个旧式的大揖礼。随后，孟小冬又在起身时特意加入了曾经在北京跟义母所学的旗人礼节，这一满族请安式的姿势极为娴雅，让一旁的沈苇窗啧啧赞叹："你们二位这见面的礼数可非同小可，光是这几个姿态，就够开拍一部电影的了。"沈苇窗边说边模仿，孟小冬故作严肃地回应道："这是我特意为大千居士所做，一般人可没这眼福。"说完，三人一齐笑了起来。

　　在"冬宫"小憩片刻后，三人一同前往李府用餐。孟小冬和张大千一路谈笑风生，大有相见恨晚之感，令现场众人皆不相信两人今日只是初识。张大千打开了话匣子，向孟小冬娓娓道来了许多"忆当年"之故事。在这些有趣的故事当中，有的孟小冬早已在别处听过，比如张大千与师父余叔岩之间的往年轶事，在她拜入余门后，就时常听余叔岩提起：1925年，余叔岩与张大千在北京相识，一见如故，在得知张大千长年以客栈为家后，余叔岩便主

动邀请张大千搬入自己的寓所居住。虽后来张大千以两人作息时间、生活习惯迥异为由，婉拒了余叔岩，却为余叔岩的真诚与义气所感动，自此结为莫逆之交。即使不同住，两人也时常聚在一起谈画论戏，除此之外，两人还有一共同爱好，就是去京城"八大楼"之一的春华楼品尝佳肴。而每一次去，张、余二人都几乎不用点菜，全由菜馆掌柜"北京第一名厨"白永吉张罗。就算张、余二人只字未讲，白永吉也永远能配出极合口味的菜式，让二人十分尽兴。对白永吉的菜色，张大千常赞以两字"要得"（四川方言），余叔岩则更言简意赅，一字曰"行"。在向来要求严苛的两人嘴里，这平淡简单的三个字足以代表他们语库之中最高的褒奖。

自此，因"吃"结缘的张、余、白三人常凑在春华楼，酒菜齐备，各司其"职"，交往日益深厚，从论戏到评画再到品味美食，无所不谈，无所不乐。于是，"唱不过余叔岩，画不过张大千，吃不过白永吉"成为当时在北京传说一时的佳话。

为了纪念三人的深厚情谊，余叔岩的另一好友、北京同仁堂的老板乐泳西提议为三位大师留下影像，于是，精通摄影的乐泳西为三人摆拍了一张合照，更主动请缨，为三人增加了道具以及设计了可展示各自绝活的招牌动作：余叔岩手拿胡琴作自拉自唱的样子；张大千站在中间拿笔作挥毫绘画状；白永吉则手拿锅铲假装正在炒菜。最终，这张充满生活气息又不失趣味的合照被称为"三绝图"而"名垂青史"，

孟小冬于香港李祖莱家留影，墙上为张大千的工笔人物画作《惊才绝艳》

第五回 *195*

毋庸置疑的是，这张相片也成为三人友谊的最佳写照。

回忆起这段往事时，张大千对孟小冬笑着说道："你不晓得，我和叔岩看到合照时，都笑安逸了，这哪里是啥子'三绝图'，分明是我们三人的'洋相图'嘛。我当时就想着可千万别流传出去。好在，这张合照后来遗失了，乐泳西也说找不到了。"说着，张大千还拍了拍胸口，佯作放心状。

话虽如此，可张大千却眼含笑意，继续道："我和你师父之间在啥子方面都特别契合，连吃东西这种小事，他都会帮我安排得妥妥当当。大家都晓得我有糖尿病嘛，是吃不得甜食的，但我又真的特别喜欢吃。有次叔岩邀我去他家吃饭，因为现场人很多，男女宾客就分开坐了不同桌，于是，我夫人就被安排坐在了一个离我比较远的位置……"说着，张大千瞥了一眼此时正坐在他身旁的夫人徐雯波，徐氏笑脸盈盈地说道："看我干啥子？你就跟大家说卅（啊），让大家来评评理，你'偷吃'对不对？"张大千故作无奈的表情，又讲道："夫人当时生怕我背着她乱吃东西，就先把我可以吃的菜全部夹在盘子里，满满一盘，都是蔬菜，让我根本没法子吃其他的。席间，上了一道甜羹，上面撒着桂花，一人一碗，我定睛一看这卖相，就知是叔岩特意为我准备的，我那个激动啊。于是，我隔席问我夫人能不能吃这道菜，没想到她答应了，我就立马尝了一口，哇，真是甜而不腻，我看机会难得，赶紧又整（吃）了好几调羹，哈哈……要得要得……甚合我心……""你明明是故意问的，你晓得我是近视眼，看不清楚。要不是误把桂花看成了紫菜屑，你觉得我会答应你？你们不晓得，我当时尝出这道菜是甜羹后，立即跑去阻止他，哪晓得，他还委屈巴巴地望着我，理直气壮地说了句：'我是问了你才吃的！'我再一看，他那碗已基本见底，你们说我气不气？"听到徐氏配合着张大千将整件"偷吃"趣事还原，众人皆捧腹大笑。

在众人的笑声中，张大千似乎想起了更多往事，他将了将自己的长髯，若有所思地讲起来："我和叔岩之间，若是非要指出一个不契合之处，唯一的一处，那就应是生活作息了。我常年早睡早起，他却完全相反。我吃晚饭的时间，叔岩是当作午饭对待的，我睡得鼾声四起的时候，正是他开始吊嗓的兴奋时刻，你们说，我要是和他同住的话，只可能有两种结果，要不然，一个人会把另一个人的作息完全改变，当然，我觉得主人带偏客人的可能性要高些。要不然就是好友变'敌人'……哈哈哈哈……"听到此处，孟小冬也跟着大笑起来。

对于余叔岩的作息，孟小冬自然是十分清楚，并且她自己也将此传统完全"继承"下来，晚睡迟起、日夜颠倒早就成了她多年的习惯，如今根深蒂固，也很难改变了。

"叔岩十分爱画，就如我爱听戏一样。我还记得，当叔岩收到我和我二哥（张善孖）齐力为他所绘的那幅《丹山玉虎图》的时候，狂呼比唱全本《四郎探母》还过瘾的样子。那是我第一次见他那个表情，冬皇你晓得的嘛，他平日里看起来是很沉稳的。当然，在我送他的所有画作当中，这幅的确是我自己最满意的。当时，我和兄长还有商有量，因叔岩生肖属虎，我二哥就先画玉虎，再由我来衬上丹山碧波，各司其职，最终完成了它。"孟小冬对这幅色彩绚丽、大红大绿、颇为壮观的《丹山玉虎图》也极有印象。余叔岩视之若珍宝，轻易不肯示人，只在每年过年正月间，以及10月他生日前后才肯拿出来。悬挂中堂之时，余叔岩每日伫立观赏，摇头晃脑，啧啧称赞，不到几日，又立即将画作收起来，生怕有丝毫损坏。"应该是35年的时候，我和叔岩还合作过一幅扇面画，叫《荷香益远》，不晓得冬皇有无看到过？我在扇子正面画了荷池，反面由他题了首诗：'山清气爽九秋天，黄菊红茱满泛船。千里结言宁有后，群贤毕至猥居前。杜郎闲客今焉是，谢守风流古所传。独把秋英缘底事，老来情味向诗偏。'"在孟小冬的印象中，这幅《荷香益远》被余叔岩放在了书房范秀轩的桌台上。扇子正面，荷叶婷婷、荷花怒放、池水悠悠，落款是："乙亥七月，似昆山仁兄法家正之。蜀人张爱。"反面的诗句下落款为："昆山仁兄正之。余叔岩。"一前一后，两面呼应，一把折扇，将两人的深厚情谊显露无遗。

同时，孟小冬也想起自己在1943年无意中和师父共同完成的一把书画扇。说来也巧，此扇本是1937年在军阀吴俊升夫人五十岁寿宴堂会上，其女儿吴彬青请潜心翰墨的余叔岩在折扇正面书写了王羲之的《圣教序》一段以示庆贺。六年之后，因知乳名为"若兰"的孟小冬善于画兰，吴彬青又请孟小冬在扇背上补画了一株兰花。余叔岩的字，笔墨功力成道，清秀儒雅，字如其人，以筋骨而胜；而孟小冬的画，亦如其人，幽香清远，素洁脱俗，两师徒的关系似乎冥冥之中自有注定。

《荷香益远》

"叔岩真乃艺术全才，京剧、绘画、诗词、美食……可谓样样皆能啊。哎……可惜了，奇才早逝……"此话一出，不仅顿时将孟小冬从无尽的回忆拉回现实，更勾起了在场众人对余叔岩的深切怀念，婉哀叹息声接连不止。

见气氛大变，张大千主动又将话题引向了另一处："我原来在四川是不大听戏的，就只画画。但到了上海之后，因听戏氛围浓厚，我也慢慢爱上了听戏，从此便一发不可收拾。一有机会，我就立马钻进戏院欣赏'伶界大王'谭鑫培的戏。当时，我正跟着李梅庵师父学习书画，生怕被他老人家晓得我把临摹字帖和画本的时间全用去听戏了，于是每次出门，我都谎称自己是去观察和采风的。直到有一天，师父把我叫到他跟前，劈头盖脸就是一句：'季爰，谭鑫培你知道吗？'这惊天一问可吓得我脚拇指都抓紧了，我脑壳里面一下浮现出十几种解法，但没有一种是我当时敢用的。接着，我就愣在那儿，等着挨骂，结果我师父却说出几句让我意想不到，但终身受用的话……"说到这里,张大千顿了顿,拿起茶杯,慢悠悠地喝了起来。在场众人均显露出十分焦急的神色,几乎异口同声地问道:"是什么?"只有李祖莱淡定自若,笑而不语,这个故事他已听张大千和胞姐讲过多次,虽已无好奇之心,但每一次重听,仍觉饶有趣味。

这时,孟小冬放下一直端在手中的茶杯,淡淡接了一句:"怕不是大千居士的师父鼓励您去听我谭祖师爷的戏吧?"张大千先是一惊,转而满脸笑意:"不愧是冬皇啊,实在是聪明过人。我师父当真就是喊我去听戏,还特别指明要听谭鑫培的戏。他还说,谭派戏之韵味,常有一波三折之妙,就如同我们写字绘画,虽说一个是嘴上的功夫,一个手上的功夫,但都讲求抑扬顿挫,抒情达意……我当时一听,可真是开心至极。从此,我去听戏就权当是奉师之命,名正言顺,有时进剧院时也感觉自己脚下生风,走起路来大摇大摆。"张大千这几句如孩童般的话语瞬间逗得全场笑声不断。紧接着,张大千就此话题展开,开始谈戏论戏,全场宾客均听得津津有味,孟小冬更是听得入了迷。很早之前她就听余叔岩提过,张大千既爱戏,又懂戏,对各流派都相当熟悉,而今听张大千现场论戏,证实师父所言非虚:比起很多票友,张大千对戏剧的理解更高一层,并且,他认为京剧与绘画在表形诉状、达意抒情、虚实多寡等方面,都有其相通的地方。而张大千亦如他自己所言,通过观赏京剧表

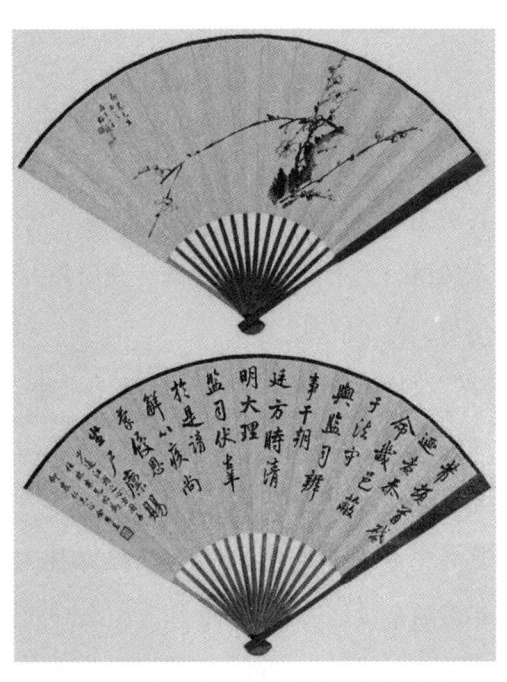

此为梅兰芳、余叔岩合作的《梅花》折扇。折扇最早的主人是京剧票友孙养农。1949年迁居香港之后,他受孟小冬多方照顾,为表示感谢,也有感于这把扇子对于孟小冬的特殊意义,便转赠给她

张大千与孟小冬于香港合影。左二为李祖莱，左三为孙养农，左五为李祖莱夫人，右一为王瑞芝，右二为吴必彰

演，可以互为借鉴，从中汲取了许多丰富的艺术营养，然后集众家之长，将各种艺术门类融会贯通，最后打通"奇经八脉"，成就了自己独具一格的艺术风格。孟小冬也终于理解，为何张大千的绘画成就能达到如此之高的艺术境界，实属情理之中。

  这次端午节会晤，让孟小冬与张大千一见如故，而二人名字当中一"大"一"小"两字，似乎刚好代表了辈分上的一长一幼，甚为有缘。自此，但凡张大千到港或途经香港，都必定抽空拜访孟小冬，或邀请孟小冬至其九龙青山别墅赏阅字画、吊嗓清唱。孟小冬原本就对书画有浓厚兴趣，当年跟随余叔岩学戏期间，所有空余时间都用来习字学画，范秀轩成了她的进修宝地，余叔岩收藏的大量字画也成了她品鉴学习的范本。因此，爱戏的画家与爱画的名伶，在交往之中，始终不缺共同语言。加上，一个性格幽默外向，一个内敛温和，相融互补，又同系佛门弟子，张、孟二人在短短数月即结为忘年之交。

  是年秋,张大千即将举家前往阿根廷久居。在香港青山别墅所举行的饯别宴会上,张大千只请了为数不多的至交好友,有昆剧泰斗俞振飞及夫人黄曼耘(张大千的女弟子)、香港国际照相馆老板高岭梅等人,孟小冬自然也在被邀之列。这日,孟小冬带着王瑞芝一起,预备给张大千一份送别惊喜。席间,大家一边品尝着张大千亲手炮制的蟹黄鱼翅等菜肴,一边谈笑风生。当众人谈到有关戏台上琴师、鼓师的话题时,张大千突然站起身来,清了清嗓子,说道:"今日承蒙冬皇驾临,我十分得意。其中五分得意出于我与冬皇的情谊,另外五分,来自她的琴师也在现场。"说到此处,大家一齐看向王瑞芝。"我刚才就一直琢磨着,冬皇今日带着琴师王先生,定是有备而来,至于备了些啥子,我也没好意思问。"张大千边说边捋了捋自己的长髯。孟小冬微笑回道:"我今日确实为大千居士备了一份礼,不过,得先

孟小冬与张大千等友人聚会合影

请您喝上一杯，我才能如实相告。"这本是孟小冬以攻为守回应的一句玩笑话，因她知道张大千患有糖尿病，已戒酒多年，就只是随口一说，反将大千一军，活跃气氛，让他在言语上知难而退。岂知，张大千立即拿起一个空酒杯，倒满花雕酒，一饮而尽之后，又立即灌满第二杯，一口气吞下。连饮两杯的举动不仅让坐在一旁的夫人来不及反应与阻止，更让"冬皇"大有受宠若惊之感。于是，孟小冬马上转向俞振飞夫妇，认真说道："小女

孟小冬与张大千等友人于香港合影

趁今日好酒好菜，微醺上头之际，献丑一段《贵妃醉酒》，劳烦五哥、五嫂帮我串演一下高力士和裴力士。"俞振飞伉俪大方答应，这可高兴坏了张大千，连说三声"要得！"待王瑞芝准备就绪，孟小冬一声"摆架"（小嗓）后，胡琴前奏过门响起，孟小冬开始了连唱带做的表演。

即使身着便装，未施粉黛，孟小冬反串的杨玉环亦栩栩如生，亦醉亦醒态尽显，甚至连水袖功夫也在观感上有所体现，看得众人惊叹不已，连声称赞。俞振飞曾多次在舞台上与梅兰芳合作此戏，深通梅派路数，万万没想到，作为余派老生的孟小冬竟也对梅派艺术如此精通，表演这出《贵妃醉酒》时信手拈来，娴熟出色，令人惊喜。张大千亦感到十分开心，他素来和梅兰芳交好，因考虑到孟、梅旧时关系，在孟小冬面前鲜少提及梅兰芳之事，就怕孟小冬还心存芥蒂。而张大千今日方知，一切都是自己多虑，孟小冬实在大方，对于前尘旧事早已淡然处之。

俞振飞、言慧珠夫妻合照

表演结束后,张大千站起身来,一边拍掌一边夸奖:"小冬这醉美人的姿态,跟全身都是画稿子的梅大师相比,也有过之而无不及也。老朽虽手未动,但心中早都勾出一幅绝美的《美人图》啦。"孟小冬立即回道:"要是美人和君子相比,我可更愿当君子。"张大千立即会意,又连连拍掌道:"哈哈哈……'冬皇'啊'冬皇',您可真是无所不知,无所不晓。"原来,早在认识张大千之前,孟小冬就在李祖莱口中听闻过数则大千趣事,其中,令她印象最深的是张大千在一次钱行晚宴上,向梅兰芳敬酒的故事。当时,张大千和梅兰芳同桌而坐,张大千突然端起酒杯,对梅兰芳道:"梅先生,您是君子,我是小人,所以,我先敬您一杯。"这番没有来由的话语顿时让梅兰芳面露诧异之色,一看到梅兰芳的表情,张大千便立马笑出声来:"梅大师别误会,我意思是唱戏之人都是君子,动口不动手(唱戏),我们

孟小冬与张大千站在《六条通景大荷花》前合影

绘画之人，只能当小人，动手不动口（画画）。"此番解释引得满堂大笑，梅兰芳也随即放松下来。此刻，孟小冬在谈话中巧妙引用此典故，让张大千倍感亲切之余，也看到了抛开严肃一面的孟小冬其实既大方又幽默，就更对这位"冬皇"刮目相看。待饯行宴会圆满结束后，众人均尽兴而归，唯有张大千稍感遗憾，自言自语道："下盘再听得冬皇之音，也不晓得是何年何月的事情了。"

张大千离港当日，既是孟小冬徒弟也是张大千徒弟的冯璧池现身机场，并告知张大千自己特意赶到机场，一是为送行，二是受孟小冬之托为大师送来一卷录音带留作纪念。张大千接过录音带，翻转着看了下："这里面是啥子？"冯璧池笑着答道："先允许我卖个关子，请师父到了阿根廷再听。不过，冬皇说了，您一定不会失望的。"这卷录音带便是孟小冬在使馆大厦特意为张大千录制的清唱唱段合集，而所有唱段都经孟小冬悉心挑选，反复录制而成。抵达阿根廷后，张大千第一时间听了录音带，边听边止不住地赞叹："我张大千真是耳朵有福，三生有幸！"自此，张大千一有空闲，就思索着如何为孟小冬绘制一幅满意画作作为回礼，并计划画好后一返港就赠予这位知音好友。

1957年夏，张大千突患眼疾，视物困难，医嘱不可用眼，严禁作画。在巴西医治多时，久病未愈，于是辗转美国、东京等地遍寻名医，依然无果。直到1960年，张大千的眼疾才略有好转，但依然需谨慎用眼，因此，这段时期，张大千所创作的画作大都采用了泼墨泼彩之法，画风带入新境，更出了不少名作。1962年，张大千受邀回港参加由香港博物馆举办的《张大千画展》开幕盛典。返港前，他便开始着手办一件心念已久的事情——为孟小冬绘一幅大作，而他的心中早已有了灵感和雏形。

到港之后，张大千第一时间抽空到孟小冬寓所拜访叙旧，此时，孟小冬已从使馆大厦搬入摩登台。两位老友十年不见，甚是兴奋，自有讲不完的话题，但因张大千回港事务繁忙，不可久留，只能匆匆一会。临别之时，张大千告知孟小冬正为她作画一幅，孟小冬连表感谢，并提出一个请求："大千居士可否在这幅画作上署款'小冬'，而非'令辉'？"张大千欣然从命："要得！"

在画展举办到后期之时，待张大千稍有空闲，便立即在下榻的酒店另辟一室，并召集所有弟子，郑重宣布道："除了（张）耀祖之外，其余人这几日都不用来了，我要安安静静为冬皇作画。"于是，在徒弟张耀祖的协助下（磨墨牵纸），张大千泼墨挥毫，行云流水，绘出了一幅气质清雅、栩栩如生的《六条通景大荷花》，并题字"小冬大家（gu）嘱写"。画作完成后，大千并未立即相赠，而是将画送去日本，定做了一个大匣，精工装裱后，再托人带回香港。

送画当日，张大千特别托人告知孟小冬三件事：第一，此画是张大千在这些年中心情最佳的时刻所绘。第二，题写"小冬大家（gu）"的"家"（gu）字，是因张大千认为小冬和自己同属佛门弟子，将"家"读作"姑",十分贴合孟小冬脱俗的信佛之心。第三,张大千知孟小冬喜兰花,亦善画兰花,于是舍兰而画荷。因为在他心中,"冬皇"不仅如兰花一般是(花中)君子,儒雅淡然,更具有荷花一般的品质,"出淤泥而不染",高洁诚实,与世无争。收到《六条通景大荷花》与张大千寄语的孟小冬十分感激,亦十分欣慰,这应是她在香港时期收到过的最珍贵的礼物与"懂得"了。

【第六回】 台北晚年 人间绝唱

屡次劝归　无功而返

张大千离港后，孟小冬又回归到半隐居的生活状态中。平日里，虽忙于教戏，但抽大烟、绘画写字、诵经念佛，一样不落。精神稍好时，孟小冬还会与香港或到港的朋友们打打麻将、聚会吊嗓，生活充实而平静。

1955年，梅兰芳与夏衍受周恩来总理等领导人的委托赴港，盛情邀请滞留在香港的戏曲艺术家们返回祖国大陆定居、传承艺术，并承诺会给他们提供一个安定的晚年，而孟小冬自然也在被劝归的行列之中。

这次与梅兰芳的短暂会面，是孟、梅二人相隔二十五年后的第一次再聚，也是两人此生的最后一次。虽然梅兰芳最终没能成功劝说孟小冬，但整个谈话过程十分融洽，两人也表现得淡定自如。那种状态，谈不上像老友叙旧，但两人的心结都早已解开，各自到达新的人生境界。不过，梅兰芳此行并非毫无收获，除孟小冬外，俞振飞伉俪与王瑞芝等人在梅兰芳的诚意劝说下，深受感召，是年便返回祖国大陆。

随着老友们相继离开，孟小冬在香港的生活又恢复了冷清，于是，在她的日常爱好中，便又多出一个可独自完成的选项——看电影。此前，将所有精力都放在京剧上的孟小冬踏进电影院的次数可谓寥寥无几，而如今，突然培养出看电影习惯的她，几日不看便会闷得慌。

孟小冬尤爱看戏曲电影，浙江昆剧团拍摄的彩色戏曲片《十五贯》在香港上映时，孟小冬就极为捧场，七日之内连看七遍。她不仅对昆剧小生周传

瑛饰演的况钟和王传淞饰演的娄阿鼠印象深刻，赞不绝口，在教戏聚会之时，亦十分热衷于与人探讨此片。在她看来，电影拍摄似乎给予了戏曲演员更大的舞台，在这个崭新的舞台上，唱念做打被展现得更加立体，表演者也有了更多充分表现自己的机会。同时，他们饰演的角色也被银幕无限放大，变得更加具体、更加生动。而且，这些形象还可被传播，不受时间的影响，永远留存在艺术的长河之中。

电影《十五贯》（1956年）剧照。左为王传淞饰演的娄阿鼠，右为周传瑛饰演的苏州知府况钟

自孟小冬喜欢上看电影后，便常常幻想自己有朝一日也能在这种新的艺术形式中崭露头角，但一想到达成此事的难度之大，加上现今自己并不如意的身体状况，演电影就成了孟小冬埋藏在心中的一个美好愿望了。

1957年春，孟小冬的寓所迎来一位稀客——章士钊。此时，章士钊已七十六岁高龄，兼任全国政协常委和中央文史研究馆馆长。孟小冬见章士钊不远千里，亲自出马与自己会晤，感念其诚意，在知其来意后，不忍让其大费口舌却仍遭拒绝，于是率先道明心中所想："小冬一向体弱多病，章老是知道的。哎……我花了数年时间才刚适应香港这边的环境，若是又再折返，恐怕身体吃不消。所以，我暂时是没有任何返乡打算的。"此话和当年杜月笙屡次拒绝章士钊所使用的"健康"借口如出一辙，章士钊一听便知已无任何回旋余地，此时的他唯有苦笑连连，不再强求。

念念不忘　必有回响

1963年，北京京剧团赴港澳公演，一行人在香港和澳门一共逗留了六十天，其中演出四十三天（四十九场），上演的剧目有《赵氏孤儿》《秦香莲》《碧波仙子》《玉堂春》《挑滑车》《战马超》《失空斩》等三十余出，基本上全部客满，总计观众达八万六千余人次，而孟小冬也是其中之一。演出期间，她专程去观看了谭元寿的《失空斩》、马连良的《十老安刘》等剧目，不仅认真观摩，虚心学习，结束后还不忘和老友们探讨、合影。同时，这批菊坛老友，如马连良、李慕良（马连良琴师）、张君秋、裘盛戎等人也趁演出间隙登门拜访了孟小冬，并邀请她一同参加由香港《大公报》安排的剧团庆功宴。

因孟小冬在京剧团抵港时便得知了谭富英被查出患有心脏病而未能参与此行的消息，于是趁京剧团在港演出这段时间，遍求香港名医，为谭寻到了一些辅助药。在将药品交给谭元寿让其带回北京时，孟小冬亦再三托谭元寿代自己向他父亲谭富英问好，并一定转告谭富英此病可医，但需保持良好心情，此举让谭元寿感动不已。此外，孟小冬还拜托马连良为自己在北京的胞弟孟学科带回一些钱和补品，马连良不仅欣然表示愿代孟小冬送达手足之情，并连连称赞孟小冬心思细腻，办事周全。

庆功宴上，京剧团团长萨空了告诉孟小冬，在京剧团赴港之前，周恩来总理与夫人邓颖超在其中南海家中设了饯行宴。席间，周总理曾数次谈到孟

裘盛戎（左上）、张君秋（右上）、谭富英（左下）、马连良（右下）合影

小冬与她的京剧艺术，并不断强调中国戏坛不可缺失这位巨匠。于是，委托京剧团诸位孟小冬之老友在赴港后，务必诚意劝说，烦请她早日返回祖国大陆。说到此处，萨空了还模仿起了周总理的语气："叫她回来，观光、献艺也好，教学、灌录唱片也好，国家愿意奉赠100万港币供她将《搜孤救孤》《空城计》《捉放曹》这些代表作拍成彩色电影。她的这个艺术，还是要传承下来的嘛。告诉她有什么困难、任何要求都可提出，我们会尽量想办法都满足她的。"

在萨空了提到的这些请求当中，孟小冬首先婉拒了返回祖国大陆和灌录唱片的提议，称自己目前的身体状态暂不支持观光、演出或教学。至于唱片一事，因先师余叔岩已为世人留下了十八张半的珍贵唱片，自己亦无法超越，因此不必费时费力，再做重复之举。随后，孟小冬又表示，自己对拍摄电影倒很有兴趣，但有三个请求：第一，场面方面（现场音乐）须有王瑞芝（操琴）与杭子和（司鼓）两人坐镇；第二，配角方面，裘盛戎（花脸）和魏莲芳（旦角）必不可少；第三，拍摄准备工作须在香港进行，开拍前半年请全体场面、配角人员赴港排练。萨空了见孟小冬当场便答应了电影拍摄，颇感欣喜，立即表示："场面和配角方面可完全按冬皇的要求进行配置，这没问题。但在香港准备半年这事儿，我需要回京后请示领导方可决定，烦请冬皇等候回信。"

待京剧团离港后，孟小冬的生活再次回归平静，而突然的心想事成，让她对一成不变的生活多了一些期待。可日复一日，年复一年，电影拍摄之事却迟迟没有回音。后来，孟小冬从与王瑞芝的一通长途电话中得知：因这些年内地自然灾害频发，国家财政极度困难，拍片一事本就耗资巨大，外加还需赴港彩排半年之久，费用和时间成本根本无法负担，于是只能暂时搁置。

虽顿感失落，但孟小冬自知牵挂此事也是徒然，便不再提及。不过，在得知王瑞芝目前生活稳定，谭富英病情也有所好转的消息后，孟小冬立即喜笑颜开。自王瑞芝1955年返回上海后，两人已有十数年未见。王瑞芝先在上海新民京剧团任职琴师，后被调入北京京剧团，目前一直为谭富英操琴。之前北京京剧团访港，因谭富英缺席，所以王瑞芝也未能随行。两人皆感慨又错失了一次难得的见面机会，但同时也抱着"来日方长，终会相见"的美好希望。

依靠着一通通长途电话，孟小冬保持着和梨园老友们的深厚情谊，纵使相隔千山万水，但有人惦念与有可惦念之人，让孟小冬在香港的生活虽孤独却也减少了寂寞。

很快，与昔日最好姐妹的偶然"重聚"成了孟小冬在香港独自生活以来最快乐的一件事。因得知早前一位向自己骗钱不遂的"朋友"抵达台湾的消息后，孟小冬第一时间想到姐姐姚玉兰同样也认得此人，于是，她向友人打听到姚玉兰的联系方式并主动拨去了一通电话。这是两人在失联十五年后的首次通话，隔着听筒，姚玉兰的声音显得既陌生又熟悉。孟小冬未做任何煽情之举，一口气便道明了全部来意："姐姐，我听说XX最近到了台湾，我估摸着他应该会去找你。早前，他在香港找过我，说是合伙投资做生意，但过了没多久，就原形毕露，应是本就没怀什么好意的。当然，经商这回事，肯定有赚有赔，但我们的私房钱都不多，担不起风险，所以想着先给你提个醒，如果他真去找你了，任他说得天花乱坠，也千万别中了他的道。"听完，电话那头的姚玉兰只是简单地道了谢，并表示自己一定会提防此人，然后匆匆收线。

几日之后，孟小冬收到了姚玉兰的回电，打头第一句便是："果然，XX这兔崽子不仅直接登门，还哭着找我借钱呢，被我婉言拒绝了。感谢妹妹及时告知此事，否则看他那诚恳的态度，姐姐搞不好就上当了。当然，钱一借出，必是'覆水难收'了。"说到此处，两姐妹齐声笑了起来。接着，姚玉兰顿了顿，问起了孟小冬这些年在香港的情况，于是两人你一言我一语地"煲"起了一锅长途"电话粥"。

自此，孟、姚二人重新恢复了"邦交"，联系日益紧密，每隔几日，必通电话一次。有时，姚玉兰在电话那头，还专程让杜美霞加入对话，而每打一通电话，三人都必有讲不完的话需恋恋不舍地留待下次再讲。

另觅庇护　迁居台湾

1966年，祖国大陆开始史无前例的"文化大革命"，不久之后，风暴向香港袭来，一时之间，传闻漫天，人人自危。在陆续听闻了作家老舍和言慧珠等人的遭遇后，孟小冬心生恐慌，认为香港亦不宜久留。后来，孟小冬得知挚友马连良也在这场"斗争"中不幸去世，更是悲愤交加，决定立即采取杜月笙生前常用的"逃遁术"，离开香港，另觅新地。正当孟小冬踌躇犹豫该转向何地之际，接连收到姚玉兰的多次紧急来电，请她迅速赴台定居。经再三思考，孟小冬最终接受了姚玉兰的盛情邀请，去了她人生的最后归宿——台北。

1967年9月11日，孟小冬独自搭乘"四川轮"离开了这个她生活了十几年的"弹丸之地"。轮船驶出码头，孟小冬站在甲板上，望着不断变小的香港，自言自语道："从这个角度看，你也并不是很小啊。"边说着，她脑海中闪出几幅画面：狭长的街道、逼仄的楼梯、忙碌的人群、拥挤的路边摊，这是她对这座城市的最深印象。当香港越来越远，直至成为一个黑点，消失在海雾中时，孟小冬突然想起另一个似曾相识的情景：她曾和杜月笙、姚玉兰一同望着轮船驶出码头，离开上海。不同的是，当年，她的身旁还站着一直呵护她的老杜。

念及此处，孟小冬从衣袋里摸出一张相片，这是此前她为迁居而整理"冬宫"时所翻出的旧物之一。当她将那些尘封已久的物品一件一件放入行李箱之际，唯独留下了这张结婚照以随身携带。照片上，孟小冬穿着崭新的绲边半袖碎花旗袍,依偎在身着长袍马褂的老杜身旁,虽正经历着大喜之事,但两人都笑得有些腼腆。孟小冬用食指点了点照片中杜月笙的脑袋,笑着对他说道:"老杜啊老杜,侬穿这身蛮精神呀。不过,还是侬拎得清,早就把时局都看得透透的,然后,就扔下我们自己先走了不是?"说完,孟小冬长叹一口气,然后将照片小心翼翼地收起来,双手合十,闭上眼睛,口中念念有词:"鬼灵精,谢谢侬呀,给了我这后半辈子的命。"

两日之后,轮船抵达基隆。闻风而来的迎接者挤满了码头,除了姚玉兰、杜美霞和陆京士、朱庭筠等一批恒社成员外,还有一些京剧界的老友、在校学生以及台湾新闻界人士。台湾《联合报》《大华晚报》《中央日报》等报社均派出记者早早在码头等候,都想得到"冬皇"大驾的第一手资料。但因孟小冬经历了两日两夜的颠簸船程,实感疲倦,无力应酬媒体,于是由姚玉兰先代其向记者们简单说明行程,并承诺待孟小冬稍作休养后,就立即通知各界朋友召开记者见面会。

而原定住在临沂街13巷16号的杜美霞寓所的一行人,也因得知寓所门口早已聚满了前来拜访"冬皇"之人,不得不临时改变行程,转而去到阳明山一座别墅暂住。

10月6日,在姚玉兰的安排下,孟小冬于陆京士公馆召开了一场盛大的新闻记者见面会。因感念台湾媒体的热情关注与各界人士的追捧,一向惜字如金的孟小冬在当日讲出了不少推心置腹之语,并将自己近些年的生活情况向大家娓娓道来,让参会嘉宾、记者们无不满载

《大华晚报》与《中央日报》所刊登的"冬皇赴台"新闻

孟小冬初到台北寓所时留影

而归。在见面会尾声,孟小冬还特别声明:"我此次迁居台北,主要目的是静养身体,望新闻界的诸位朋友予以理解,日后不在生活上做过多打扰。"见面会结束后,孟小冬与专程来看望她的台湾戏迷、梨园同行们寒暄,合影。这是孟小冬在台湾的第一次公开亮相,也是她人生中的最后一次,自此,孟小冬开始了漫长的台北隐居生活。

单独赁居台北信义路一处住房后,孟小冬在家中设了佛堂每日念佛诵经,并定期去昆明街法华寺念普佛。每逢斋戒日,必严格茹素;一到除夕及元旦,便在寓所通宵敬香。不久之后,孟小冬还皈依法华寺侠虚法师,成为佛门俗家弟子,法名"能泰"。较之早年,孟小冬的拜佛之心更为虔诚,生活亦越发清静。

自赴台以来,孟小冬就时常喘咳不止,起初以为是水土不服,未加注意,后因达到呼吸困难之境,遂看中医,才知是十几年的抽大烟习惯已致其患上哮喘之疾。在众人的劝说下,孟小冬只能谨遵医嘱,先戒大烟,再戒用嗓,每日还需按时服药。于是,孟小冬的日常消遣也不再是打麻将、吊嗓与赌马,而改为临写碑文、篆刻图章、学习英文、练习太极拳及看电视。

孟小冬的寓所摆放着两台电视机,临近傍晚,孟小冬就开始在几个台

孟小冬在台北法华寺与杜美霞、金元吉夫妇合影　　孟小冬在台北法华寺与章遏云合影

之间来回转换。她尤喜看电视剧和京剧片，恨不得将双眼分开，每只各管一台电视，生怕错过任何一个精彩画面。而屏幕上的粉墨人生，不仅让她想起自己在舞台上那段羽扇纶巾的美好岁月，也让她时常感叹电影电视这种艺术形式让新一代青年演员展现出了更出众的才华。孟小冬每晚"认真"看电视的样子，竟成了杜美霞与姚玉兰的日常消遣，每当她们看着孟小冬徘徊在两台电视之间，赞叹、品评外加模仿，忙到不可开交的样子，就乐得合不拢嘴，并一致认为："大概全世界，只有我们如此幸运，能看到这样的冬皇吧。'观看'她的时候，也就等同于我们自己在看电视啦。"

孟小冬自1947年"广陵绝唱"后，便再无登台演出，因此经济方面只出不入，仅依靠以往积攒的少量私房钱及杜月笙给她留下的两万美元勉强度日。好在孟小冬自幼便习惯于衣食简朴的生活，向来不喜奢侈，就算在她的鼎盛时期，她依旧保持着简单的生活方式，加上早前成功戒烟，已省下一笔不小的开支，因此，凭借现有的积蓄，孟小冬在台北的日子还算自在。同时，虽无力在经济方面给予孟小冬更多帮助，但杜家人却在精神方面给了孟小冬最大的支持。

一有空闲，姚玉兰便登门陪伴孟小冬，坐在那里，一边喝茶一边笑眯眯地和孟小冬闲话家常。而孟小冬的生活起居则全由杜美霞安排照顾。这位杜家二小姐由孟小冬抚养长大，是孟小冬的义女。她性格爽朗、聪敏爱笑，颇有其父杜月笙的风采，对人热情有礼，交友甚广，出手大方，和孟小冬十分合拍。孟小冬在杜家的那些年，除了姚玉兰，最亲密的应属杜美霞了。只是那时杜美霞年纪尚小，不能在孟小冬最辛苦的日子里，给予这位义母实质性的支持，但每当孟小冬看到杜美霞天真的面庞与明媚的笑容，就感觉轻松不少。现今，杜美霞已成为金庭荪之子金元吉的夫人，为人处事更是细腻周全。一日三餐，大事小事，杜美霞均为孟小冬妥帖打理。

由于孟小冬习惯晚睡晚起，杜美霞每日临近午时，必登门请安，并备好午餐。孟的午餐十分简单，一碗炸酱面即可；下午时间，杜美霞会暂时离开孟府，处理自己的事情。到了晚餐时间，又再折返，以各种方式烹饪出一尾尾鲜美的鱼，然后备上粥或米饭，有时再加一碟咸菜，两人一起用餐。饭后，杜美霞会陪着孟小冬看会儿电视，有时，姚玉兰也会过来，三人便一起对着电视里的演员评头论足。临走之前，杜美霞还会帮孟小冬备好消夜：一个馒头、一杯茶，加一碟煮或炸的花生，并督促孟小冬按时服药，直至看着孟小冬洗漱完毕后，方才安心离开。

而孟小冬指导学生时，杜美霞须全程陪同，随侍在侧，倘若杜美霞当日未能到场，孟小冬就会立即取消授课，改日再教。日复一日，杜美霞的照顾极少缺席，如若实在有事，无法分身，也必定提前给孟小冬打好几次电话，反复叮咛嘱咐。

在杜美霞心中，她将孟小冬看作比生母姚玉兰更亲密与重要之人。当孟

小冬面对一些新鲜事物束手无策，凌晨还向杜美霞电话求教时，杜美霞也从未感到过心烦，她一遍又一遍地耐心指导，直到教会孟小冬使用所有新式用品方才休息。对孟小冬来说，姚玉兰和杜美霞带给了她安稳和温暖，有她们在的地方，就是她真正的家。而姚玉兰、杜美霞之间更是无话不说，无话不能说。因此，孟小冬晚年时期最常说两句话："只要玉兰一坐在那儿，我的心就很定；要是美霞一天不来，我的日子就不知怎么过。"

孟小冬与义女杜美霞在台北寓所合影

除了朝夕相伴的姚玉兰、杜美霞，港台两地的恒社弟子亦时常登门拜访。在这个大家庭中，"娘娘"是姚玉兰在恒社弟子中的官称，孟小冬则一直被称为"妈咪"，再后一辈人称其为"婆婆"。"娘娘"主外，大小事务都由她全权安排，而"妈咪"主内，只用负责休养自己的身体，其他一切不必操心。有时，孟小冬的寓所也会迎来出乎意料的老友，比如张大千夫妇，也在孟小冬于台养病期间，登门看望。因此，孟小冬在台北的生活即使闲淡，却始终充满了欢声笑语。

孟小冬虽拒绝出席各大社交活动，但对慕名前来向她求教问艺之人，始终抱以开放又尽心的态度。只要对方基本功不弱，热情好学，孟小冬都会耐心指导一二。往往只需寥寥几句，便能点到精髓之处，让问艺者瞬间醍醐灌

孟小冬与恒社弟子聚餐留影（后为陆京士）

顶，深感不虚此行。同时，众人亦发现，孟小冬在唱念方面的设计，比在香港授徒时更上一层楼，似乎这些年不断研习其他门类的艺术让孟小冬对余派艺术有了更多的心得和改进。于是，在台的弟子纷纷向孟小冬提议："冬皇如今登峰造极的技艺以及高超的思想，既是继承，又有发展。何不效仿余叔岩先生继承与发展谭派艺术那般，您也在余派的基础上，再开个孟派？"对于这些提议，孟小冬总是先表达感谢，再明确拒绝。

当然，此举绝非孟小冬故作谦虚，因她的确从未想过以孟派自居。在她看来，无论是余派艺术还是谭派艺术，都是她无法逾越的高山。直至今日，她依旧能在这两座大山中寻到新的宝藏，便已十分满足。因此，一路走来，孟小冬都秉承着恪守师承的原则，她既不会像挚友马连良那般融几家之长，自成一派，亦不愿如师弟李少春一般戏路"驳杂"，推陈出新；她更希望自己稳打稳扎，将钻研与传承余派艺术作为己任。不过，鉴于孟小冬日益孱弱的身体，要像她在香港培养钱培荣一般再觅更多衣钵传人，已全无可能，于是，此事亦成为她在台北晚年时期最大的心结：既感遗憾，却又无能为力。

1970年起，京剧由盛至衰，不仅祖国大陆如此，台湾亦更是如此。京剧式微后，昆曲大行其道。当人们再谈到京剧之时，热情度明显降低。曾经，像金素琴的告别演出、章遏云的复出表演、姚玉兰的祝寿公演、顾正秋的特别献演以及孟小冬的隐居台北，任一与京剧有关的新闻事件都是风靡一时的台湾艺坛热话。但如今，它们无非只是人们记忆中，组成台湾京剧发展史的一个又一个独立的新闻事件而已，但由它们串联而成的梨园故事，却将永久留在人们心中，成为一种艺术形式由繁荣走向衰落的见证。

孟小冬在台北寓所接待张大千

孟小冬在台北与张大千聚会时，两人重现了当年在香港初见时的场景。孟小冬向张大千行了跪拜大礼，张大千也回以一个旧式的大揖

孟小冬在台北与张大千夫妇及友人聚餐

台北十年　多半病中

1970年10月17日是余叔岩的八十诞辰，在此之前，孟小冬应几位香港朋友的邀约，特意撰写了一篇不到2000字的文章，名为《纪念先师余叔岩先生》。全文虽无一处夸张的情绪表达，但言辞恳切、坦率纯真，让读过之人无不感慨"冬皇"真是将她对余大贤的师徒深情融进了字里行间。孟小冬留下的传世文字虽不多，除此文外，公之于众的仅有《紧要启事》（1933年）与为《谈余叔岩》一书所写的序言（1953年），但篇篇精彩、句句诚恳、字字含情，文字亦如其人——天然无雕饰，纯粹且生动。

1976年农历十一月十六日，孟小冬迎来了她的六十九岁生日。按照中国"男过十，女过九"的传统，港台门人弟子计划着要为"妈咪"举办一个隆重的祝寿大会，大唱堂会戏，而节目单中最让人期待的莫过于由孟小冬亲授杜美霞的《黄鹤楼》。早年在上海生活时，杜美霞和杜美如均习姜派小生，但两人之中，只有杜美如是姜妙香的亲传弟子。后来，杜美霞在孟小冬的"额外"指导下，所展现出的惟妙惟肖、超乎专业的姜派艺术水平让众人一直误以为美霞和美如一样同出姜门。但最终，由于大多身在外地的弟子赶到台北已是13、14日，无暇排练，只好临时取消堂会戏，改为15日先于孟小冬寓所办两桌暖寿酒席，再于16日正日在金山街金山航业公司招待所举行祝寿大会。

寿宴当日，除孟小冬的亲友弟子外，台湾京剧界与影剧界的知名人士也悉数到场。来宾们纷纷登台清唱或表演，热闹程度堪比一场别开生面的堂会。孟

孟小冬在其寿宴上留影

小冬因近几年患上了严重的哮喘病，身体每况愈下，心情日益沉郁，稍不注意，便能引发大小疾病。于是，在寿宴上，理应表演一二以答谢宾客的孟小冬只能请徒弟钱培荣代为献唱。钱培荣"临危受命"，不负师望，清唱的一段《定军山》让众人大饱耳福，大呼过瘾。而其他的助兴节目亦颇为精彩，前来道贺的曲艺演员朱培声和张宜宜合作表演的上海滑稽戏，不仅让全场笑口大开，更激发了寿星的表演欲，即便喘咳不止，孟小冬也坚持为大家模仿了几段她过往在电视上看到的台湾当红歌手、明星的唱腔与姿态，虽只是简单的哼唱与比画，但惟妙惟肖，令亲友和在场宾客大笑不止，后辈们更是赞叹："原来冬皇也有这般有趣的一面。"

寿宴在欢声笑语中落幕，孟小冬亦感受到了久违又浓烈的温暖。可是，短暂的快乐并未让孟小冬的身体状况有所转变，反而在翻年之际，急转直下。但任凭姚玉兰和杜美霞怎么劝说，孟小冬依然不肯去医院做彻底的检查。在孟小冬的印象中，入院似乎是不吉利之事，当年余叔岩和杜月笙都在入院不久后便与世长辞。孟小冬有长期照料与服侍病人的经验，这些年在反复发作的胃病、日益严重的哮喘与日常性感冒的交替中，她早已习惯了自己这副病骨，并总认为靠着服用中药和念佛诵经便可安稳度日。

直到4月中旬，当孟小冬发觉自己时常全身疼痛，而以往服用的药物毫无作用后，便把陆京士请到家中，托他代为物色佛教公墓，但万不可将此事告知第三人，尤其是姚玉兰和杜美霞。经不住"妈咪"的一再请求，陆京士只好答应。很快，陆京士就帮孟小冬在台北树林镇净律寺旁山佳佛教公墓觅得一块墓地，恰逢地主全家迁美，才将此地出让，于是孟小冬立即拍板买下，并开始秘密请人设计墓园型式。

5月中旬，孟小冬在家突然晕倒，幸好杜美霞和姚玉兰等人及时送医，孟小冬才捡回一条命。此时，孟小冬的肺部已有积水，情况严重，须立即住院，但孟小冬仍执意回家静养，一行人也只好将其送回住所。

孟小冬在家养病期间，港台弟子陆续前来探望，陆京士在探病时多次悄悄拿出设计师的图样让孟小冬过目，均未得到其认可。5月24日，陆京士第三次带来的图样终让孟小冬

《中央日报》刊登的"冬皇"病逝报道

满意后点头。5月25日傍晚，孟小冬在一阵剧烈气喘后，便不省人事。经过连番抢救，孟小冬依旧昏迷不醒，众人急得焦头烂额。26日晚11时50分，孟小冬终因肺水肿和心脏病并发症，还未来得及跟身边人道声再见，便永远闭上了眼睛，享年70岁。

孟小冬病逝后，杜府与恒社人士以最快速度商讨了治丧事宜。6月6日，杜家分别在台湾《中央日报》和香港《工商日报》登载了由杜月笙长子杜维藩出名、全体子女列名的杜家讣告，此文将孟小冬称作"继妣杜母孟太夫人"，算是真正意义上为孟小冬正了杜家之名。

6月8日，杜家人在台北市立殡仪馆举行了孟小冬的大殓仪式，景行厅内挂满了各界人士送来的挽联、挽幛和花圈，其中，尤以张大千与李猷的挽联最引人注目。而这两副挽联也分别从朋友至亲与后辈弟子的角度，总结了"冬皇"孟小冬的人格品质与曲艺人生。

张大千的挽联：

魂归天上，誉满人间，法曲竟成广陵散；

不畏危劫，宁论利往，节概应标列女篇。

李猷撰写的《哭凝晖师》挽联三首：

一代尊皇座，仙音世所稀。须眉传矩矱，声口状几微。

苦学身辞富，高歌韵欲飞。罗田衣钵在，趋步必相依。

炉岛登门日，镫前受妙章。珠帘唐克用，宗卷汉张苍。

设境由心造，登台欲我忘。夜凉谈艺罢，归路月如霜。

十载蓬瀛住，登堂喜复频。感寒愁嗽紧，上气但眉颦。

强语传珍秘，持生极苦辛。全归悲永诀，天不愁斯人。

当日，姚玉兰和杜美霞最早到场，负责检查景行厅各处是否安排妥当。检查完毕后，两人便于厅内静候前来凭吊的宾客。

杜美霞缓缓走到孟小冬的遗像前，望着照片怔怔出神，突然，她的耳边仿佛响起了妈咪的声音："美霞，这个煤气灶怎么就是点不燃？我都用了大半包火柴了呀。""妈咪，这是自动煤气灶，不需要用火柴的。""可是不用火柴，煤气灶怎么能自己燃起来呢？"……

姚玉兰则坐在临近大厅门口的位置，一动不动，回想着她和孟小冬的前尘往事：两人识于微时，姐妹情深，中间的几十年，却因杜月笙的关系，感情时好时坏，几乎断交。可兜兜转转，十年前再次重聚，从此相依相伴，关系更甚从前。姚玉兰突然记起，孟小冬生前最爱说她"心宽体胖，能镇场子"，她却从未

左起为吕光、钱培荣、蔡国蘅、黄金懋、李猷、李相度、沈泰魁、丁存坤、张雨文、龚耀显、汪文汉

陆京士率亲友致祭

生过气，因她深知孟小冬说这番话的言外之意。而孟小冬对于她来说又何尝不是如此？"只要她在，我就感到安心。"想及此处，姚玉兰慢慢闭上了眼睛，自言自语道："好妹妹，你和老杜啊，聪明得紧，都先走了，今后就剩我一人了……"（姚玉兰于1983年逝世，享年79岁）。

下午1时30分，景行厅内先举行家祭，由陆京士代表恒社弟子主祭。2时起公祭，由"冬皇"大弟子吕光主祭，恭读祭文。弟子钱培荣、李猷、赵从衍、蔡国蘅、沈泰魁、黄金懋、丁存坤、李相度、汪文汉、龚耀显、张雨文、吕光陪祭。此外，还有国剧欣赏委员会、再兴小学、金山航业公司以及国剧团、队等单位公祭，各单位均队伍整齐、态度严肃，足见对这位国剧前

辈的尊敬。

名流前往致祭者有顾祝同、王叔铭、陶希圣、张大千、王新衡、陶百川、程沧波、陈纪滢、曾后希等多人。国剧界前来的有粉菊花、章遏云、秦慧芬、顾正秋、张正芬、李桐春、胡少安、哈元章、李金棠、周正荣、徐露、姜竹华、郭小庄等。大殓结束，3时15分起灵。起灵前全体公祭，由吴开先先生主祭，其后，素车白马开往树林镇。4时45分到达山佳佛教公墓，开始葬礼，由陆京士主祭，5时葬礼完毕。当日，到墓园送殡的群众达一千余人，众人同声哀悼，极尽哀荣。

在孟小冬葬礼上，杜维藩手捧孟小冬的牌位，杜维善手捧孟小冬的遗照

"冬皇"遗音　人间绝唱

孟小冬墓碑上刻着"杜母孟太夫人墓"几字，由张大千题写

人群散去，墓园万籁俱静。

这位冬日出世的美丽奇女子，在喧鼓齐天的梨园长大，在充满了掌声、喝彩声与聚光灯的舞台上走过大半生，在家人与朋友的陪伴下度过晚年，似乎她这一生都很热闹。但相反的是，孟小冬个性低调、不擅交际，她更像一名寻常女子，追求着稳定的爱情与简单的生活，比起受到万千追捧，她其实更喜平淡。只是她的才貌、天赋与毅力，注定她无法平淡。孟小冬在氍毹上的一生仿佛一场尘

梦，醒来之时，她依旧如荷花一般，孤清又高洁，纯粹又真实。

此时，应是"冬皇"孟小冬这一生最宁静的时刻。

四十二年后，孟小冬最爱的义女杜美霞在台北病逝，享年88岁。临终前，她以"孟小冬女士国剧奖学基金会"董事长的身份，提出两个心愿：一是与孟小冬合葬在一起；二是希望"孟小冬女士国剧奖学基金会"能被后人好好运转，培养出更多的京剧人才。

独自在山佳佛教公墓享受了几十年宁静的孟小冬，泉下有知，应该甚感欣慰。杜美霞不仅帮她完成了她的未竟之事，弥补了缺憾，同时，也让旧梦重续，热闹重聚。

附录

《谈余叔岩》序言

夫阳春白雪，闻者每讶其高标；璞玉浑金，识者始知其内蕴。蓄之既久，发而弥光，大名永垂，遗风共仰。如我先师罗田余先生，抱云霞之质，兼冰雪之姿。家学绳承，振宗风于三世；万流景式，扬绝艺于千秋。舞勺之龄，名驰首郡；甫冠之岁，学已大成。以优孟之衣冠，状叔敖而毕肖；协宫商之韵律，唪车子以传神。忠义表于须眉，苍凉写其哀怨。营开细柳，曾服微官；社结春阳，推为祭酒。固已菊部尊为坛坫，令闻遍于公卿矣。及登英秀之堂，抠衣请益，折节揣摩，退结胜流，共资探讨。玉篇广韵，考字定声；逸史稗官，斟文比事。凡经搜考，咸能改观。尽扫伧俚之辞，悉合风雅之旨。太羹元酒，醇而又醇；刻羽引商，细无可细。九城空巷，四海驰声；盛誉攸加，修名斯永。余幼习二黄，涉猎较广，闻风私淑，盖已有年。立雪门前，瞬更五载。孔门侍教，愧默识之颜渊；高密传经，等解诗之郑婢。谬蒙奖借，指授独多。洎师晚年，忽感疡疾。呻吟床榻，已无指划之时；憔悴茗鑪，犹受精严之教。景命不融，竟尔溘逝。余奔走朔南，迭经忧患，珠喉欲涸，瑶琴久尘。每感衣钵之传，时凛冰渊之惧。但期谨守，愧未发扬。养农先生少游北郡，即识先师。因气类之相敦，遂金石之结契。椿树巷中，每停车盖；范秀轩内，时为嘉宾。谭笑既频，研覃亦富。华灯初上，小试戈矛；凉月满庭，偶弄拳脚。宛城宁武，悉具规模；定军阳平，尤征造诣。频年投荒岛上，时接清谈，共话昔游，每增怅触。近以所撰先师传记，举以相示。展诵一过，前尘宛然。悲言笑之莫亲，痛风徽之永隔。山颓木坏，空留仰止之思；钟毁釜鸣，谁复正始之格。此书一出，必重球琳。拙序既成，尤深憬忳。

——昭阳大荒落皋月下浣宛平孟小冬书（1953年）

纪念先师余叔岩先生

1970年10月17日（农历）为先师罗田余先生八十诞辰，先期，在港的几位景仰先师的朋友，要我写一点文字以资纪念，自属义无可辞，但笔墨久疏，身体孱弱，纵然握管，又何能述先师的盛德于万一呢？

先师为湖北省罗田县人，罗田在鄂东为黄州府属，与黄冈、黄陂接近，其语言最为圆润，在国剧界里头所谓湖广音也。先师三世名家，渊源有自，又兼有良好的师友，其因素不是普通人所能具备的。

我们知道：做一样学问或艺术，总不外乎三个条件，第一是天赋，第二是毅力，第三是师友，没有天赋，不能领会；没有毅力，半途而废；没有师友，无人研究。先师既有天赋，也有毅力，更有良好的师友，而他老人家那份困心衡虑、努力向上的精神，只有亲炙于他的人，才能体味着他那份心胸。《孟子》上说："天之将降大任于斯人也，必先苦其心志，劳其筋骨。"他老人家在艺术上的造就是有其原因的。

先师于戏剧上，有其先世的秘本，而且亲炙了谭大王，虽然谭大王仅给他说了一出《太平桥》，相信他们师徒之间，在国剧的原理原则上，必然谈过了许多，以先师聪敏绝顶，学一反十的天资，自然心领神会，用不着刻意地摹拟，而可达到了最高的境界，况且谭剧上演，均会到场谛观，去芜存精，胸有成竹，否则何以能自成面目，古人谓杜工部为诗圣，若以工部比谭大王，则先师应为李商隐或黄山谷，也是直接杜工部，而各有其本人的面目。

先师好学不倦，虚心接纳凡一字一事之不妥，必研求而弗懈，故其所用剧本，皆经通人修订，如《珠帘寨》"坐帐"之念白："我父朱雅赤心……御赐姓李"，《御碑亭》之诗："方知宋弘是高人"，《盗宗卷》之唱词："第二排太子婴"。这些都经过了删改、增加，使他唱词合乎史册。显得与众不同的讲究，正是别人所不注意的。

我在未曾立雪之前，对于谭剧已下了不少年的功夫，也经过了不少名家的指点，但听了先师的戏之后，不觉心向往之，门墙虽高，终成我愿。记得当年，自己每晚下戏之后再赶往听先师的大轴戏，彼时影响之深，获益之多，非可言喻，及入门以后，先师精心教授，不厌其详，使我今天得有具体而微的相似，实在难忘先师严格的训诲，想起从前椿树头条受教之时，范秀轩中谈笑风生的情况，历历在目，真是每天每刻没敢把先师的声音笑貌忘却一点。驹光不驻，自己亦六十开外之人了，能无枨触而惭愧？先师逝时，年才五十四岁，若处于目下医药发达之世，虽有疾病尚可拖延，何至遽然奄忽，使我永失教导之人，岂不悲痛！

先师逝后，二十六年来，我除于1947年在上海演出《搜孤救孤》两场外，迄未再有表演自觉承受先师付托的衣钵，以环境及身体关系，始终未能有表现的机会，实在深深地愧负师门，惟有继续精研敬谨保守，以求他日发扬光大的机会耳。多年以来，国剧寝衰，所幸香港台湾两地甚至远在美国，求此道者颇不乏人，而余派唱腔亦仍到处可以听到比较"满城争唱叫天儿"的时代，着实开阔了许多，先师天上有知，亦必欣然色喜。为门人的我定当贾其余勇来光大师门，以报先师的恩德也。

香港几位笔友，时常在刊物上撰写梨园掌故，颇兴白发龟年之感，尤其推崇先师，爱屋及乌，连本人亦获逾格的器重，际兹先师八十诞辰，远道征文；为撰数语，以资纪念，殊为盛事。伏念先师未臻上寿，实为艺林缺憾，但论其艺术，已属登峰造顶无以复加，那种深刻严格的精神，实在我未见过有第二人可以比拟。成功不是偶然，大名不是幸致，必有其独特的优点为他人所不及者，方克臻此。很抱歉，本文未及细谈先师的戏剧，概言之，浮泛草率，非我所愿。若说之过于精细，必嫌篇幅冗长，自己亦无此精力撰写长篇，敬就个人感想所及，写此短文，以示崇敬云尔。

——孟小冬，1970年